Theodor Griesinger

Leben und Treiben in Amerika

Humoristische und ernste Skizzen

Theodor Griesinger

Leben und Treiben in Amerika
Humoristische und ernste Skizzen

ISBN/EAN: 9783743636880

Hergestellt in Europa, USA, Kanada, Australien, Japan

Cover: Foto ©ninafisch / pixelio.de

Weitere Bücher finden Sie auf **www.hansebooks.com**

Leben und Treiben in Amerika.

Humoristische und ernste Skizzen

von

Dr. Th. Griesinger,
Verfasser von „New-York vor Zwanzig Jahren",

———◆◆———

Verlag von
E. Steiger, No. 19 Frankfort., New-York.
Post Office Box 561.

Der Einwanderer.

Er war ein unzufriedener Mensch.

Er war mit der Regierung nicht zufrieden, — er war mit dem Einkommen, seinem eigenen nämlich, nicht zufrieden, — er war mit der Religion nicht zufrieden, dem herrschenden Religionssystem nämlich, — er war vielleicht auch mit seinem Weibe nicht zufrieden; kurz er war unzufrieden; also fort in's gelobte Land, nach Amerika.

Die Möbel in die Auktion! Das kleine Gütchen verkauft! Wenn nicht viel gelöst wird, so ist's doch wenig! Fort mit Schaden! In Amerika kommt's doppelt und dreifach, ja hundertfältig wieder herein.

Fort nach Amerika! Die Base dort drinnen hat ja geschrieben, wie gut sie es habe! Der Vetter ist ja bereits Besitzer von Haus und Hof, die Capitalien gar nicht zu rechnen! Und wenn's der so weit gebracht hat, so muß es ihm, dem Einwanderer, doch zehnmahl besser gelingen, denn er war ja dem armen Burschen, dem Vetter, schon in der Schule dreimal überlegen! —

Fort geht's zu Lande nach Bremen oder Hamburg, zu Lande und per Eisenbahn nach Havre, auch Havre de Gràce genannt; fort geht's auf dem Rhein nach Rotterdam und über den Canal nach Liverpool und London, Alles per Dampfschiff. Die Reise hat zwar ihre Widerwärtigkeiten, man schläft ein wenig gar zu eng eingepfercht auf den kleinen Dampfbooten, und auf der Eisenbahn in der „Auswanderersklasse" wird man auch von Wind und Wetter mehr mitgenommen, als man sich vorher dachte; aber — frisch auf zum fröhlichen Leben! Es geht ja nach Amerika. Es wird geraucht und getrunken und getrunken und gesungen; Wein und Bier giebt's in Hülle und Fülle und wenn die Wirthe, bei denen man unterwegs einkehrt, auch vielleicht ein Bischen sonderbare Rechnungen machen, — in Amerika gleicht sich ja Alles wieder aus! Also — ein neues Lied angestimmt, das Lied von der goldenen Zukunft!

Jetzt ist er eingeschifft. Es hat etwas Zeit genommen, bis Alles so weit kam und mancher Batzen und Gulden ging noch flöten, bis das Schiff abging, — aber endlich ging es doch!

Jetzt ist er auf hoher See, und noch dazu im Zwischendeck. — Ein sonderbares Leben, das Zwischendeckleben! Da sind vielleicht zweihundert breite Bettstellen von rohem Holze, alle hart nebeneinander, aufgeschlagen, und in jede Bettstelle gehen vier Personen hinein. Ein Leben, wie auf der Arche Noah! Aber — man richtet sich ein, so gut oder so schlecht es geht. Man kocht und ißt, man trinkt und singt, man schläft und liebt; man führt ein Leben, wie Adam und Eva im Paradiese, denn Männlein und Mägdelein, — Alles ist Eine Heerde, in der sich bloß die Herren Matrosen hie und da als Wölfe bei Nacht und Nebel einschleichen.

Jetzt ist er auf hoher See! „Wenn's so fortgeht, so sind wir in drei Wochen in New-York." So hat's der erste Steuermann ihm anvertraut; aber da kommt ein scharfes Lüftchen und zwar dummerweise gerade von Westen; das Schiff fährt, wie der Leibhaftige, aber immer kreuz und quer und nicht vorwärts! Vielleicht kommt auch einmal eine sanfte Windstille und die See ist so spiegelglatt, daß man d'rauf schleifen könnte, wenn's Eis wäre, aber, wenn das Schiff auch einen Tag lang still steht,—es thut nichts; morgen ist's wieder anders. Am Ende muß man doch einmal ankommen!

Jetzt ist er auf hoher See! Die Seekrankheit hat ihn ein wenig arg mitgenommen, denn sie ist ein gar unangenehmes Gefühl, diese Seekrankheit; allein es ist ja noch Niemand daran gestorben, und e i n m a l muß doch das ewige Speien und Brechen aufhören! Was hat auch eine solche menschliche Schwäche für i h n zu bedeuten! Für ihn, der nach Amerika geht, nicht bloß um sich mit Amerika, sondern auch, um die Amerikaner mit seiner Gegenwart zu beglücken! — Hörst du sie Pläne schmieden, die Herren Auswanderer? Siehst du den Berliner dort, der seinen maulaufsperrenden Zuhörern frischweg deducirt, wie in Amerika noch der helle Unverstand zu Hause ist, welchen er, der Berliner, bestimmt ist, aufzuklären? Siehst du den jungen Herrn da drüben, mit der Brille auf der Nase, wie er ein geschriebenes Büchelchen aus der Tasche zieht und den Umstehenden erläutert, daß darin ein ganzer Schatz von Weisheit verborgen ist, mit dem er die neue Heimath zu überschütten gedenkt? — Sie alle, ohne Ausnahme, haben „was in petto". Alle sind überzeugt, daß es i h n e n nur vortrefflich gehen könne. — Ist die Kost auch schlecht und mangelhaft; frischweg zu den Vorräthen gegriffen, die man um theures Geld im Seehafen erkaufte!

Jetzt ist er vier, vielleicht gar sechs Wochen zur See. Der mitgenommene Wein ist ausgetrunken, die Cigarren sind verraucht, die Schinken haben ein Ende genommen und — man ist auf die Schiffskost angewiesen. Ein Glück, wenn man täglich halbsatt bekommt! — Die Gesänge auf dem Verdeck werden seltener und hören am Ende fast ganz auf. Es ist kein Geschäker und kein Lachen mehr; die Leute werden ernster und ernster. Der Süddeutsche schneidet ein schiefes Gesicht, denn das trübe Schiffswasser will ihm gar nicht munden. Der Berliner aber fängt an zu räsonniren: „Was? Ist das eine Kost, wie sie uns versprochen wurde? Die Rationen werden ja mit jedem Tage schmäler! Und das Schiff selbst, — ist das ein Postschiff erster Klasse? Das ist ja bloß eine Barke, ein schlechtes, kleines, schiefaufsehendes Hundeloch von einem Schiffe! Im Zwischendeck, das so prachtvoll ventilirt sein sollte, wie der Agent uns vormalte, kann man ja kaum Luft schöpfen und dazu nicht einmal frische, und auf dem Verdeck wird man von den Matrosen hin- und hergestoßen, wenn man beim Segelziehen nicht selbst mit Hand anlegt, wie draußen in Deutschland von keinem Polizeidiener!" — So der Berliner, aber auch' den anderen Leuten will das Ding gar nicht mehr recht behagen, und manch' Frauenauge, das vor sechs Wochen noch so fröhlich gelacht, wischt sich jetzt heimlich eine Thräne ab.

Jetzt ist er acht Wochen zur See und die Unzufriedenheit wächst! Erst treten Zwei oder Drei zusammen und flüstern miteinander; jetzt werden es Fünf und Sechs, bald ein ganzes Dutzend, und aus dem Flüstern wird ein laut Gerede. „Die Compagnie, bei der wir accordirten, hat uns nicht Wort gehalten, die Schiffsmannschaft ist brutal; der Capitän überschreitet täglich seine Befugnisse; wir sind gefoppt, geprellt; wir müssen uns beschweren."

Nun ist es heraus, das schwere Wort: „Beschweren muß man sich." — „Gleich, wenn wir nach New-York kommen," so wird beschlossen, „gehen wir zum Consul; wir wollen doch sehen, ob man uns so mitspielen darf." — Es wird eine Schrift aufgesetzt, eine große Beschwerdeschrift, und Zwanzig, Dreißig unterschreiben sie; die Unterschriebenen fühlen sich in ihrer Würde. — „Ich werde heimschreiben und den Leuten sagen, wie sie künftig reisen sollen," setzt Einer hinzu, der weiß oder wenigstens glaubt, daß man auf seine Stimme was giebt im alten Vaterlande. — „Ich werde einen Bericht in unserer Zeitung veröffentlichen," meint ein Anderer, und wirft sich dabei in die Brust, ohne daran zu denken, daß „seine Zeitung," d. h. das Lokalblatt seiner Heimath, vielleicht nur in einem Umkreise von sechs Meilen gelesen und gekannt ist.

Doch Alles nimmt ein Ende, so auch eine Seereise.

„Land! Land! Hurrah für Amerika!" In der Ferne sieht man einen blauen Streifen, der eher einem Nebel gleicht, als grünen Bergen; aber der Capitän und die Matrosen sagen: es sei Land, und die müssen es doch wissen! — „Hurrah für Amerika!"

Der Pilot ist bei Nacht und Nebel an Bord gekommen. Jetzt geht's in den Hafen. Alles strömt auf's Deck. Die Irländer und die Deutschen vergessen ihren langen Hader auf der langen Reise; die Weiber wischen die Thränen aus den Augen; der Verfasser der Beschwerdeschrift schiebt dieselbe tief in die Rocktasche. — Amerika ist da; das Land der Bestimmung ist erreicht! —

Da liegt es nun am Dock, das Einwandererschiff, die Einwanderer mit allen ihren Wünschen und Hoffnungen, mit all' ihren Klagen und Beschwerden, mit all' ihren Erinnerungen und Sehnsuchten sind am Lande. — Ein Paar Stunden, ein Paar Tage sind einige Dutzend von ihnen noch bei einander geblieben im Emigrantenhause. Dann haben sich auch die Letzten getrennt und Jeder ist seiner Wege gegangen, um sich vielleicht im Leben nie mehr zu sehen. Aus der Klageschrift ist natürlich Nichts geworden, denn Jeder war froh, wie er frisches Obst, frisches Bier, frisches Fleisch sah! Aller Groll ist vergessen. „Mögen die Andern, die nachkommen, auch zusehen, wie sie durchkommen; wir haben's nunmehr überwunden!" So lautet's jetzt.

Der Frischeingewanderte ist noch einige Zeit lang nach seiner Ankunft leicht zu erkennen. Er geht, wenn er aus der kleinen Stadt oder vom platten Lande ist, statt auf dem Trottoir, inmitten der Straßen und ist alle Minuten in Gefahr, überfahren zu werden. Er raucht, anstatt einer Cigarre, eine Pfeife und hat eine Kappe auf dem Kopfe, die er, wenn er in eine Wirthsstube tritt, pflichtschuldigst abzieht, worüber ihn Jung und Alt auslacht. Vierzehn Tage lang spricht er von Nichts, als von seiner Seereise. „Solch' einen Sturm, wie wir hatten, hat noch Niemand erlebt," meint er, und bekräftigt seine Meinung damit, daß er hinzufügt; „Der Capitän habe selbst so gesagt." — Jeder will am meisten auf der See durchgemacht haben.

In fast gleicher Weise geht es Passagieren, die mit Dampfschiffen kommen, nur sind diese schon vierzehn Tage nach der Abfahrt vom europäischen Hafenort in New York, Boston, Baltimore oder New-Orleans.

Nach einigen Wochen fängt der Einwanderer an, zu begreifen, daß das Geld immer weniger wird, wenn man blos ausgiebt und Nichts einnimmt; ja, daß es sogar ganz ausgeht, wenn man sich nicht bald nach Arbeit umthut. — Und nun arbeitet er, wie er es in seinem Leben drüben nie gethan oder auch nur für menschenunmöglich gehalten hätte. Es wird ihm Anfangs sehr sauer und er sagt sich: bist du dazu nach Amerika gekommen? Doch er sieht bald, die Arbeit schändet nicht, wenn

er nur brav Geld verdient und spricht man den deutschen Einwanderer nach Jahren wieder, so ist er wenigstens mit seiner Lage zufrieden und möchte nicht mit der
Vergangenheit im alten Vaterlande tauschen.

———

2.

Der Pedlar.

Der Pedlar ist unter elf Malen zehn Mal ein Jude.

Der Pedlar ist übrigens kein Bettler, sondern ein Haufirer, der mit seinem Kram
auf dem Buckel herumläuft, um ihn für gutes Geld los zu werden.

Heute kam er an, direkt von Bremen oder von Havre, der ehrliche Samuel oder
Aaron oder Moses.

Von seinem Kosthause geht er schnurstracks zu einem Glaubensgenossen oder gar
zu einem Vetter. Der Glaubensgenosse ist „gut ab," d. h. er hat einen hübschen
Laden mit Halsbinden, Unterleibchen, Hosenträgern, Bändern, Handschuhen,
Schnupftüchern, Socken — eine ganze Garderobe.

„N'Gruß vom Aetti in Wankheim".

„Ach der Sam! der Sam! Wahrhaftig und Gott, der leibhaftige Sam Ferkelche
von Wankheim".

Na, was das eine Freude ist! Der Sam war noch ziemlich klein, als sein Vetter
die alte Heimath verließ; aber die Gesichtszüge lassen sich nicht verläugnen; es ist
eine große Freude. Sam setzt sich.

„Na, was könne mer thu' für Dich, Sam?" sagt „Gutab". Und so giebt ein
Wort das andere. Sam erfährt von „Gutab," wie dieser angefangen hat und
schreibt sich's hinter die Ohren und nach zwei Stunden geht er nach Haus in sein
Abstandsquartier, mit einem großen Pack unter dem Arm, und in dem Pack sind
Unterhosen, Unterleibchen, Socken, Halstücher, Kragen, Hosenträger, Handschuhe
und noch eine Menge anderer Dinge, alle nothwendig für's Leben, nothwendig für
den täglichen Bedarf. Vetter „Gutab" hat's ihm nicht geschenkt, aber er hat ein
Uebriges gethan; er hat sich hoch und theuer verschworen, an seinem Vetter nehme
er keinen Kreuzer Profit; und darum hat er's ihm gegeben zum „Einkaufspreis,"
d. h. er hat nicht 50, sondern nur 25 Procent darauf geschlagen.

Den andern Morgen ist Sam früh auf den Beinen. Er miethet sich ein einsames
Dachstübchen für zwei Thaler den Monat. Er kauft sich einen Haufirkasten, damit
er seine Waaren hübsch sauber d'rinn auslege und — nun geht's los! Von Haus
geht's zu Haus, Trepp' auf, Trepp' ab; die Waare wird feilgeboten! Von einem
Bierhaus läuft er in's zweite, von einer Straße in die andere, — die Waare wird
feilgeboten!

Freilich geht's hart im Anfang. Da wird er abgewiesen und dort fortgejagt.
Aber Sam läßt sich's nicht verdrießen. Hat er an zehn Orten nichts abgesetzt, am
elften springt doch ein Sixpense heraus! Freilich kostet's manchen Tropfen
Schweiß, denn im Sommer ist's gar heiß in New-York; freilich werden die Füße
durch und durch naß, denn im Winter ist's böse durchkommen durch den Morast der
Straßen; freilich heißt's auch im freien und aufgeklärten Amerika oft: „betrügeri-
scher Jude, mach' daß Du fortkommst"; freilich wird ihm manche Thür vor der
Nase zugeschlagen, daß der Zipfel fast d'rinn stecken bleibt; freilich muß er sich

manchmal auf die Schnelligkeit seiner Füße verlassen, wenn es heißt: „auf ihn, Sultan; pack an, er ist vom Geschlecht Mosis"; — aber das macht Alles nichts; Abends, wenn er in sein Dachstübchen kommt, zählt er sein Geld und siehe da, er hat doch ein paar Schillinge verdient. Es ist dies sein Anfang und er ist nicht entmuthigt. Gott wird weiter helfen, denkt er und legt sich ruhig und zufrieden schlafen.

Sam treibt's so 8 Tage, vielleicht auch 14 Tage. Seine Nahrung ist trocken Brod, sein Getränk ist Wasser. Er hat in 14 Tagen nicht mehr gebraucht, als viele seiner Miteinwanderer in den ersten 24 Stunden.

Und gelernt hat er auch etwas. Er hat gelernt, welche Tage die besten sind für den Verkauf und welche Straßen die geeignetsten; er hat gelernt sprechen mit den Leuten und versteht bereits das „Yes" und „No" und hauptsächlich das „How much". Er hat erfahren, wo die Wholesalehäuser liegen, von denen sein Vetter selbst einkauft, und er geht jetzt dorthin und kauft einen Theil für cash, und einen Theil für credit.

Nach 3 Monaten ist Sam ein ganz anderer Mensch. Er ist selbst gut ab, wenigstens für einen Pedlar, und erlaubt sich daher zu seinem trockenen Brod hie und da ein Stückchen Käse, nämlich amerikanischen, das Pfund zu 15 Cents. Seine Baarschaft erlaubt ihm einen größeren Einkauf und er beschließt in die „Country" zu gehen. Die Country ist groß und es giebt immer noch Orte, durch die keine Eisenbahnen führen und wo die Leute froh sind, wenn ein Pedlar hinkommt. Sam findet sie, diese Orte, und die Farmer sind wirklich froh, den Pedlar zu sehen, denn sie brauchen dann nicht den weiten Weg in die nächste Stadt zu machen. Sam aber ist noch froher, denn er verkauft mit schönen Nutzen und hat das Nachtlager und Abendessen umsonst.

Freilich ist's jetzt mit den Unterhosen und Schnupftüchern, Socken und Hosenträgern nicht mehr gethan; er braucht auch Knöpfe und Nadeln, und Faden und Garn, und Spitzen und Litzen, und Schwämme und Kämme, und Stahlfedern und Bleistifte, und Fingerhüte und seidene Bänder; er braucht Alles und er hat Alles. Sam weiß sich zu helfen.

Am liebsten zieht Sam in die Neuenglandstaaten, nach Connecticut, Massachusets, Rhode Island und wie sie alle heißen. Hier wohnen wenig oder gar keine Deutsche und Sam mag nichts mehr mit Deutschen zu thun haben, seit ihm das „Howmuchen," d. h. das Handeln mit Amerikanern, immer mehr klar wird. Sam's größte Qual sind die Hunde auf den Farmen und 's ist auffallend, aber es giebt keinen Hund auf amerikanischer Erde, der nicht beißt und bellt, wenn ein jüdischer Pedlar kommt.—Sam möchte daher am liebsten nicht für einen Juden gelten, und verbittet sich von deutschen Landsleuten eine solche Anrede. Dem amerikanischen Farmer gegenüber giebt er sich für einen canadischen Franzosen aus, und der Amerikaner thut, als ob er's glaube — nur die verfluchten Hunde glauben's nicht; es ist nicht der Geruch eines canadischen Franzosen!

Nach 2 Jahren reist Sam nicht mehr zu Fuße. Er liebt die Anstrengung nicht allzusehr und ein Wägelchen und ein Gäulchen sind oft billig zu bekommen. Und das Wägelche und das Gäulche machen sich in 14 Tagen bezahlt, denn Sam führt jetzt auch Cigarren und Goldwaaren, — Cigarren von Havannah, Goldwaaren von Paris. Gott weiß, daß d i e s e r Tabak nicht in Havannah, sondern in der Pfalz gewachsen ist, und Sam weiß es auch, aber die Farmer und ihre Knechte wissen's nicht. Gott weiß, daß Sam's Parisergoldwaaren, seine Ketten, seine Brochen, seine Lockets, seine Uhren, seine Ohrringe Paris nie gesehen haben, wohl aber die berühmte Stadt Providence, allwo nichts als Gmünder Gold verarbeitet wird, mit nicht mehr als 6 und nicht weniger als 4 Karat,—Gott weiß es und Sam weiß es auch, aber die Farmersfrauen wissen's nicht und die jungen Burschen, die den Mädchen gerne ein „Andenken" hinterlassen, wissen's auch nicht. Diese Unwissenheit trägt dem Pedlar viel Geld ein und man sieht daraus, daß auch Unwissenheit zu etwas gut ist.

So geht's einige Jahre lang. Sam giebt das Peddlen auf, kehrt, wenn er einige hundert Dollars gemacht hat, nach New York zurück, etablirt sich und heirathet.

Sam ist jetzt ein gemachter Mann. Er spricht bloß noch englisch, weil er das Deutsche ganz verlernt hat. Auf seinem Schilde steht nicht: „Sam Ferlelche;" Gott bewahre, es heißt: „Simmy Fairchield."

Sam hat sich amerikanisirt.

———

3.

Der Grocer.

Der **Grocer** ist stets ein **Plattdeutscher**. Ehe Plattdeutsche nach New-York kamen, mußten sich die Amerikaner selbst des Geschäftes annehmen; allein seit langer Zeit ist das anders geworden, und jetzt haben die Plattdeutschen das Grocer-Privilegium. Es giebt aber auch keinen Plattdeutschen in New-York, der nicht eine Zeit lang in seinem Leben Grocer oder wenigstens Grocerclerk gewesen wäre.

Grocer heißt auf deutsch Gewürzkrämer und Grocerie: Specereiwaarenhandlung; der Grocer führt aber Alles, nur keine Kirchthürme und Krammetsvögel. Da ist zu haben: Zucker und Kaffee, Thee und Chocolade, Käse und Eier, Milch und Brod, Schinken und Würste, Bürsten und Besen, Schnupftabak und Cigarren, Zündhölzchen und Seife, Waschseife und Brennholz, Holzkohlen und Steinkohlen, Rettige und Sauerkraut, rothe Rüben und Gurken, Bohnen und Linsen, Schnaps und Wein, Strongbier und Molassesapfelwein, Oel und Essig, Pfeffer und Salz, Schuhwichse und Zwiebelkuchen, Stärke und Zahnpulver, Butter und Waschzuber, Schmalz und geräucherte Bücklinge, gedörrte Aepfel und gelbe Rüben, Reis und Birnenschnitze, Zwetschgen und Wachholderbeeren, Häringe und gesalzenes Fleisch, Zwiebel und Lauch, Kartoffel und Meerrettig, Honig und kölnische Pfeifen, Putzpulver und Ziegelsteine in den Kochofen, Senf und Schreibpapier, Lichter und Bindfaden, Nähnadeln und Tinte und noch hunderterlei andere Artikel. Auf dem Lande fügt er sogar noch Strümpfe, Schuhe, Tücher, Leinewand, kurz Alles hinzu, was ein Mensch, der nicht gerade hottentottisch leben will, in die Haushaltung und zur Existenz braucht.

Eine Grocerie liegt wo möglich an einer Ecke, und in den belebteren Stadttheilen sind, wo zwei Straßen sich kreuzen, immer alle vier Ecken Grocerien. — Ein Eckladen ist von allen Seiten sichtbar, und — der Mann ist nicht auf den Kopf gefallen, der diesen Platz wählte.

Er ist auch nicht auf den Kopf gefallen, der Grocer. Zwar war er nur ein armer, armer Bube in seiner Heimath. In die Schule ging er so wenig, als irgend möglich, denn er hatte keine Zeit dazu; und vom Lesen und Schreiben lernte er gerade so viel, daß er zur Noth seinen Namen kritzeln und den Titel der Bibel herausbuchstabiren konnte. Er wuchs etwas wild auf, und von Sitte, Anstand oder Bildung hatte er nie, auch nicht einmal vom Hörensagen gehört. Aber — Eines hatte er gelernt, eine Hauptsache in Amerika, das Rechnen. — —

Er versteht sich aber noch auf mehr, als auf's Rechnen, und dieses zweite „Nochmehr" ist gerade so viel werth, als das erste. Dieses zweite „Nochmehr" heißt: — „Entbehrung."

Wenn der Hochdeutsche nach New-York kommt, so ist sein Erstes: „Gut essen und trinken". Er muß sich doch entschädigen für die lange Seereise. Der Süddeutsche besäuft sich in Wein und Lagerbier, der Norddeutsche in Schnaps und Weißbier. Der Plattdeutsche aber — trinkt gar nichts. Er zieht sein letztes Stück Speckschwarte aus der Tasche und nagt daran, bis ihm der Hunger vergeht. Dann macht er sich auf den Weg, seinen Vetter, Onkel, Gevatter oder was er sonst ist, aufzusuchen; denn dieser Vetter, Onkel oder Gevatter hat ihm geschrieben, herüberzukommen und nicht blos geschrieben, sondern auch das Reisegeld geschickt, d. h. gerade genug, um das Fahrgeld auf der niedrigsten Klasse und auf der schlechtesten Route, der Liverpooler nämlich, zu bezahlen. Natürlich hat dieser Vetter, Onkel oder Gevatter eine Grocerie und der Neuangekommene wird gut aufgenommen und bekommt zum Einstand einen Schnaps und ein großes Stück Speck. Nach einer halben Stunde ist er installirt, und wird angewiesen, was er zu thun hat.

Sein Vetter, Onkel oder Gevatter hat ihm das Reisegeld natürlich nicht aus purer „Verwandtschaftsliebe" geschickt. Er hatte auch seinen Vortheil dabei im Auge, denn der Neuangekommene ist auf ihn angewiesen und muß um einen geringeren Lohn arbeiten, als Jakob, wie er die sieben theuren Jahre um die Lea diente. Der Onkel, Vetter oder Gevatter hat viel zu thun, sein Laden geht gut, und er selbst muß viel auswärts sein, auf dem Markte und sonst herum; er muß also einen „Clerk" d. h. einen Menschen haben, der die Stelle des Buchhalters, des Ladendieners und des Lehrlings in einer Person vertritt. Sollte er Einen nehmen, der „sich schon auskannte?" Da müßte er ihm zum mindesten zwölf bis sechszehn Dollars den Monat geben und gute warme Kost und ein Zimmer zum Schlafen. Prosit die Mahlzeit. Das kommt viel zu hoch. Da schreibt man dem lieben jungen Vetter zu Hause, und macht ein Wesen von der Wohlthat, die man ihm erzeigen wolle und schickt ihm das Reisegeld mit zwanzig Thalern und — thut Niemand eine Wohlthat, als sich selbst. „Zwei Mücken auf Einen Schlag." Der junge Vetter ist in vier Wochen eingeschult und muß doch ein ganzes Jahr lang um vier Thaler den Monat dienen. Ist das nicht ein Nettoersparniß von sechsundneunzig Thalern im Jahr? Und nicht bloß das! Glaubst du, der grüne Vetter mache Anspruch auf ein eigenes Zimmer? Gott bewahre, der nimmt sich alle Abende, wenn der Laden geschlossen ist, seinen Strohsack, wirft ihn in eine Ecke des Ladens und schläft darauf so gut und fest, daß manch' Anderer in seinem Bette ihn b'rum beneidet. Und glaubst du, die Frau Grocerin nehme sich die Mühe und koche alle Tage ein warmes Mittagessen? Da kennst du sie schlecht; sie hilft selbst mit im Laden und hat keine Dienstmagd, weil's zu theuer kommt, und so begnügt man sich die Hälfte der Woche mit geräucherten Fischen und die andere Hälfte mit Speck und Schinken, und wenn's hoch kommt, mit ein paar gebackenen Eiern. — Der

„Clerk" ist aber mit Allem zufrieden, denn er hat Etwas aus dem Fundamente gelernt und das ist — „Entbehren".

Der Plattdeutsche streift das Gewand des „Neuangekommenen" in kurzer Zeit von sich ab. Nach einem Jahre schon ist er nicht mehr „grün" und kein Mensch merkt ihm an, daß er erst so kurze Zeit im Lande ist. Das macht seine Beschäftigung und seine Muttersprache. In den Laden des Herrn Vetters oder Onkels oder Gevatters kommen gar allerlei Leute, Leute von allen Nationen: Südbeutsche, Norddeutsche, Irländer, Amerikaner, Engländer. Wie leicht geht ihm das Englische ein. Nicht daß er ein besonderes Sprachtalent hätte, nicht daß ihm das früher erworbene Latein oder Französisch von besonderem Nutzen wäre, denn Latein und Französisch sind für ihn böhmische Dörfer; allein, p l a t t d e u t s ch ist schon halb englisch, es klingt eines wie das andere, und viele Wörter sind auch ganz dieselben; ein Hauptbestandtheil des Englischen kommt ja aus dem Plattdeutschen! Und dann der tagtägliche Umgang mit englischredenden Kunden! Der plattdeutsche Jüngling macht sich's zum Nutzen, mehr noch als der Pedlar, den wir im vorigen Kapitel geschildert.

Nach zwei Jahren hat sich der junge Bauernbursche in einen fixen Clerk umgewandelt, d. h. er spricht erträglich englisch und versteht das Geschäft aus dem Fundamente. Sein Gehalt ist von vier Thaler monatlich auf acht Thaler gestiegen und jetzt ist's an der Zeit, sich nach einer besseren Stelle umzusehen. Der Herr Vetter, Onkel oder Gevatter ist ihm selbst behülflich dazu und so tritt er bei einem andern Plattdeutschen in's Geschäft, der die Sache mehr in's Große treibt. Der Herr Vetter, Onkel oder Gevatter aber thut wieder ein Werk der Barmherzigkeit, und läßt einen anderen Bauernburschen herüberkommen, um denselben ebenfalls für vier Thaler den Monat zu benützen.

Nach vier Jahren geht der Clerk mit dem Gedanken um, sich selbstständig zu machen. Er hat sich hundert oder zweihundert Thaler erspart und einen Kameraden gefunden, der's eben so gemacht hat. Eines schönen Sonntags machen sich die Beiden auf, und gehen zu dem Grocer, bei dem sie die Lehrzeit durchgemacht. Der Grocer merkt gleich, wo es hinaus will. Das Hinterstübchen, dicht hinter dem Laden, wird aufgemacht und eine Flasche ächten Brandy's belebt bald das Gespräch. Die Beiden haben nämlich erfahren, daß der Grocer sich noch ein anderes Geschäft aufgemacht hat, oder daß er Willens ist, sein Geld in einem Wholesale-Groceriegeschäft anzulegen und sie kommen daher, um ihm seinen „Store" abzukaufen. Natürlich langen die paar Hundert Thaler nicht zum „Auskauf"; aber der Herr Vetter oder Onkel oder Gevatter giebt für den Rest Kredit, und mit dem letzten Glas ist auch der Handel abgemacht. Am Montag ziehen die neuen Herren ein und der alte ab. Nach einigen Jahren ist das ganze Geschäft bezahlt und noch ein paar Jahre, so hat jeder der beiden Partner seinen eigenen Store.

Das ist der Lauf der Welt, der plattdeutschen wenigstens.

Einen a r m e n Plattdeutschen, der schon einige Jahre im Lande ist, giebt's in New York nicht. — Will er etwas kaufen, wozu ihm sein eigen Geld nicht langt, so braucht er nicht in Verlegenheit zu sein. Die Plattdeutschen halten Alle zusammen.

Die größte Widerwärtigkeit für den plattdeutschen Grocer ist das Sonntagsgesetz. Er soll Sonntags „zuhaben" und liebt doch, alle Tage sein Geld zu verdienen. Allein — er weiß sich zu helfen und zu jedem Store giebt's eine Nebenthür, wenn auch der Haupteingang verschlossen ist. Die Kunden kennen sie schon, diese Nebenthür.

Die größte Freude hat der Grocer am Schnapsverkaufen. Er kauft die Gallone zu dreißig und sechsunddreißig Cents und verkauft sie wieder Glasweise zu fünf Cents den „drink" und zehn Cents die halbe Pinte. Das sind gerade hundert fünfzig bis dreihundert Procente. Ob übrigens der Schnaps wirklicher Schnaps, oder ein mixtum compositum, ist ihm Nebensache.

Einige Leute wollten schon behaupten, sein Gewicht sei etwas mangelhaft und sein Gallonenmaß halte gerade eine Pinte zu wenig. Es mag sein, daß hie und da einige kleine Irrthümer mitunterlaufen, allein wer kann denn dafür, wenn das Gewicht sich mit der Länge der Zeit „abnützt," oder wenn der Blechschmidt zu den Quart- und Gallonenmaßen zu wenig Blech genommen hat?

Drei Haupteigenschaften hat der plattdeutsche Grocer, die ihn von allen andern Deutschen unterscheiden: er kann das Lagerbier nicht vertragen, — trägt keinen Schnurrbart — und hält es für unmöglich, daß es Menschen gebe, die nicht in jeder Weise ihre Vortheile wahrnehmen, wenn ihnen die Gelegenheit dazu geboten wird.

So viel vom Grocer!

4.
Medicinae Doctor, Surgeon and Dentist.

Ein prächtiger Titel und nimmt sich herrlich aus auf einer Visitenkarte, noch herrlicher auf einem Schilde (neben der Hausthür) mit goldener Schrift auf blauem Grunde.

„Doktor der Heilkunde, geprüfter Chirurg und approbirter Zahnarzt," so viel bedeutet jener famose Titel! Der Mann muß viel gelernt haben! Und in der That, so groß ist dieses „Vielwissen," so immens ist diese Gelehrsamkeit, daß der Inhaber eines solchen Titels oft und viel selbst vor seiner Hausthür stehen bleibt und sein Vielwissen „auf dem Schilde" selbst anstaunt.

In New-York ist kein Mangel an Apotheken, noch weniger ist ein Mangel an Doktoren, denn auf jede Apotheke kommt zum Mindesten ein Dutzend, wenn nicht zwei. — Und geschickte Doktoren findet man darunter, Doktoren, die in der That und Wahrheit auf deutschen Universitäten studirt haben, aber suchen muß man sie, die geschickten Doktoren; denn New-York ist nicht gerade „vollgepflastert" mit ihnen; auch findet man sie nicht so leicht, denn sie haben keine langen Annoncen in der Zeitung und ihr Schildchen neben der Hausthür ist so unscheinbar, daß man es fast übersieht. Sie haben trotzdem genug zu thun und keine Zeit zu Firlefanzereien.

Ein ganz anderes Völklein ist die große Masse der Doktoren; es ist ein Völklein fast so zahlreich, daß man ein ganzes County damit bevölkern könnte, wenn man nicht befürchten müßte, dasselbe würde zu bald aussterben, wenn sich die Herren Doktoren unter einander selbst behandelten! Mit dieser Masse haben wir es hier zu thun, nicht mit den „Ausnahmen!" Denn nicht von den „gradirten" Herren sprechen wir jetzt, sondern von jenen anderen Doktoren, die in Hülle und Fülle, nicht leben, aber existiren und vorhanden sind, von den Doktoren mit den langen Titeln, mit den breiten Schilden und den fußhohen Annoncen! — Und deren giebt's Legion, nicht bloß in New-York, sondern in ganz Amerika, denn das kleinste Städtchen zählt ihrer mehr als gut und heilsam ist.

Sieh' Dir ihn einmal an, den Herrn Doktor! Du würdest ihm „draußen" keinen kleinen Finger anvertraut haben, ja Dein Hund hätte ihn möglicherweise in einem Krankheitsfall refüsirt. Allein — in Amerika herrscht die freie Kunst, und „Doktor sein" kann, wer will, und ob jährlich ein Paar Tausend Menschen mehr oder weniger d'rauf gehen, hat Nichts zu sagen, es giebt ja Menschen genug und die Einwanderung ersetzt den „Abgang" doppelt und dreifach!

Du hättest ihm aber auch keinen kleinen Finger anvertrauen k ö n n e n in Deutschland; denn er war draußen noch kein Arzt, nicht einmal Chirurg, und vollends gar nicht einmal Zahnarzt. Nein, er war Schreinergeselle, Bäckergeselle, Goldschmidt, Hufschmidt, Fleischer oder sonst etwas dergleichen, wenn's hoch kommt ein Gerichtsschreiber oder gar ein armseliger Schulmeister; aber der Trieb nach etwas Höherem steckte in ihm, und so kaufte er sich, ehe er nach Amerika ging, einige alte Charteken über Materia medica; oder verschaffte er sich einige Hundert Recepte eines Kaltwasserdoktors; oder machte er die Bekanntschaft eines Homöopathen und seiner homöopathischen Präparate, bestehend aus Brodkügelchen und aqua pura; oder er wurde mit einem klugen Schäfer vertraut, der ihn die Kunst der „Sympathie" lehrte und Mittel gab „für's Blutstillen" und „für die Schmerzen" und gegen den Bandwurm. Vielleicht las er auch ein Büchlein über Elektricität und beschloß, die Leute e l e k t r i s c h zu kuriren, oder er hörte von der Bedeutsamkeit des Urins und nahm sich vor, nur Urinpatienten anzunehmen oder vielmehr seine Patienten alle zu „uriniren." — Jedenfalls grabuirte er erst in Amerika und ein Glück für Amerika, daß er's that!

Das Examen wurde ihm leicht; er machte keines. Der Doktorschmans kostete ihm auch nicht viel und — es stand ihm sogar frei, außer dem Titel „Doktor" auch noch den Titel: „Professor" anzunehmen; in Amerika kann sich Einer heißen, wie er will.

Uebrigens wurde er nicht gleich am ersten Tage seiner Ankunft in Amerika praktischer Arzt; sondern er ließ sich Zeit zur „Ausbildung." Er arbeitete vielleicht ein paar Jahre lang auf seinem Handwerke irgendwo in einer Binnenstadt; oder trieb er Handel und Pehlerei auf dem Lande und „studirte" nur in den Feierstunden. Er mußte es doch abwarten, bis seine Landsleute, und besonders die, mit denen er über See kam, ihn ein wenig aus dem Gedächtniß verloren hatten! Er mußte sich doch vorher von ihnen allen loßschälen, damit er nicht Angst haben mußte, den anderen Tag gleich an den Pranger gestellt zu werden!

„Aller Anfang ist schwer," sagte jene Frau, als sie zum ersten Male in die Wochen kam. Besonders schwer ist's aber, ein Recept zu schreiben, wenn man von den zu heilenden Krankheiten lediglich Nichts versteht und noch weniger Kenntniß hat von dem Doktor-Latein. Was ihn das Angstschweiß kostete! Und wie oft rannte er nach Hause, um sich in seinem Buche Raths zu erholen, nachdem er vorher gewohntermaßen seine „Brodkügelchen" als „erstes Recept" verschrieben hatte! Die „Brodkügelchen" konnten ja doch nichts s c h a d e n! Und wie oft wäre es für die Kranken besser gewesen, sie hätten nie ein anderes Recept von ihm bekommen und gesehen, als das Brodkügelchen-Recept! — Wie oft stand er verzweiflungsvoll, wenn ein Kranker, den er vielleicht soeben „als außer Gefahr" erklärt hatte, ihm und seinen Kenntnissen den Possen that, urplötzlich das Zeitliche mit dem Ewigen zu vertauschen! — Wie manchmal passirte es ihm, daß ein in der „äußersten Noth" herbeigerufener Collège, der aber zufälliger Weise ein w i r k l i c h e r Arzt war, ihn einen Esel nannte und ihm einen Tritt auf seine breiteste Grundlage gab, figürlich zu reden! —

Das waren böse Tage, bis er das Ding mehr gewohnt war und sich in den Hocus Pocus eingeschafft hatte; denn — Uebung macht den Meister und jetzt macht er ein Gesicht so gut, als Einer, der zehn Semester in Jena oder Bonn war.

Doch es sind nicht lauter gewesene Bäckergesellen und Hufschmiede, die neugebackenen Doktoren; im Gegentheil die große Mehrzahl derselben stand „draußen" auf einer höheren Stufe der Kultur und Wissenschaft, nämlich auf der Stufe des Bartscheererthums.

Ein Gerichtsdiener ist natürlich kein Richter, aber er schnappt doch manchen Brocken auf, den der Richter fallen läßt und viele Brocken geben auch einen Laib. Geht's dem Bartscheerer nicht auch so? Oder muß er nicht dabei sein, wenn z. B. Einer trepanirt wird, und vorher das Haar wegrasiren? Wird er nicht geholt, wenn Einer geschröpft werden muß? Ja, hat er nicht schon in Deutschland Recepte verschrieben, z. B. Laussalbe für jenes kleine Kind? Und hat nicht der Apotheker seine Handschrift respektirt und — die Laussalbe verabfolgt? Und — wurde er nicht allüberall, besonders aber im Wirthshause, „Doktor" gescholten und nie Barbier oder gar Bartscheerer.

Wenn der Barbier nach Amerika kommt, so steht er wie Herkules am Scheidewege, oder wie Bileam's Esel zwischen den zwei Heubündeln: „Entweder eine Rasirstube eröffnen oder — Doktor werden"; das ist die Frage. „Barbier, — gemeines Handwerk!" so räsonnirt der ehemalige Bartscheerer. „Die Leute einseifen und rasiren, ihnen die Haare waschen und kämmen, — pfui Gugud! Ein sicheres Brod mag's sein und auch seinen Mann ernähren, aber ein Bartscheerer bleibt ein Bartscheerer, — Ich werde Doktor!" — Und also geschieht es.

Und es wird ihm gar nicht einmal schwer! Ist er denn nicht auch auf der „Universität" gewesen? Hat er nicht in Heidelberg oder sonst wo „studirt", d. h. die Studenten barbiert und sich hie und da wegen Naseweisheit einen Tritt vor den — geben lassen? Spricht er nicht von Diesem und Jenem, der zu seiner Zeit auch auf der Universität war, als von seinem „Studiengenossen", während er vielleicht alle Halbjahre einen Gulden Trinkgeld von ihm bekam für's „Nichtgeschnittenhaben?" — An Frechheit und Geläufigkeit der Zunge übertrifft ihn nicht leicht Einer, und so wird's dem früheren „Barbutzen" nicht schwer, sich als „Doktor" zu legitimiren. Er hatte ja schon durch sein Handwerk einen kleinen „Hieb" von der Heilkunde, was Wunder, wenn er, durch einen praktischen „Faullenzer", durch einige Receptbücher unterstützt, in kurzer Zeit gar nicht mehr daran denkt, was er früher war und was er — eigentlich jetzt noch ist!

Medicinae Doctor, Surgeon and Dentist! Englisch und Lateinisch unter einander! Das ist jetzt sein Titel, und seine Karte ist die zierlichste, sein Schild das größte, seine Annonce die längste! Von nun an ist er es, der am ärgsten über die „Stümper und Quacksalber" loszieht und der fuchstenfelswild wird, weil wieder so ein Bäckergeselle oder „Bändeljude" sich als „praktischer Heilkünstler" „aufgethan" hat! Er ist es, der bei jeder Gelegenheit über die Mangelhaftigkeit der amerikanischen Pharmacopoe und hauptsächlich darüber jammert, daß noch kein Medicinalcollegium da ist! Er ist es, der es wagt, in den Zeitungen das Publikum öffentlich vor Betrügern und Charlatanen zu warnen, die sich als Aerzte aufthun, ohne ein Universitäts-, ohne ein Staatsprüfungs-Zeugniß! — Es geht Nichts über eines Bartscheerers Unverschämtheit, besonders wenn er in Heidelberg „studirte!"

Doktor der Heilkunde, Chirurg und Zahnarzt! Den Accoucheur nicht zu ver=
gessen! — Und der Accoucheur ist oft die Hauptsache; denn in Amerika giebt's gar
arg wenig Hebammen und der Doktor muß das Kindlein holen und auch —
waschen. Im Anfang war's ihm oft, als müßte er den kleinen Racker fallen
lassen, und bei den paar ersten schwierigen Fällen gingen die Wöchnerinnen regel=
mäßig d'rauf. Allein mit der Zeit kommt Rath und — jetzt ist die Behandlung
von Damen seine Hauptpassion. Er zeigt's öffentlich an in den Zeitungen, daß er
die Frauenkrankheiten auf der Universität „so oder so" zu seinem Hauptstudium ge=
macht habe, und daß er daher im Stande sei, auch „die Unheilbaren" zu kuriren! —
„Lieber zuviel, als zu wenig," ist sein Grundsatz. Er verrichtet auch solche Kuren,
die ein studirter Arzt nicht unternimmt, da ein solcher sie freilich für ein Verbrechen
hält, aber unser Doktor fragt nicht darnach, er ist ein Allerweltskerl, der ehemalige
Bartscheerer und jetzige Medicinae Doctor, Surgeon and Dentist!

Am wohlsten ist's ihm im Wirthshause, natürlich nicht unter Collegen oder
sonstigen gebildeten Leuten — ein Glück, daß nicht zu Viele die etwas gelernt
haben in Amerika herumlaufen — „aber unter Schuhmachern oder Schreinern oder
sonstigen ehrlichen Handwerkern; denn da kann er krakehlen und großthun,
gleich einem Zehnschlachten-Freischärler. Die können ihn ja nicht beschämen, wenn
er von seinen „Studienzeiten" spricht; die können ihn nicht abfahren lassen, wenn
er von seinen „Kuren" und „Operationen" windbeutelt! — Ein Hauptspaß wäre
es, wenn er es noch dahin brächte, Pferd und Wagen halten zu können. Dann
gliche er in Allem dem wirklichen Arzte, natürlich immer die Kenntnisse ausge=
nommen.

Gegen einen wirklichen Arzt ist er sehr devot und kriechend. Er schar=
wenzelt um einen solchen herum, als wäre er ein Kellner mit der Serviette unter
dem Arme. Natürlich nimmt er die Aussprüche des „Arztes" als ein Orakel an;
kommt er aber Abends in's Wirthshaus, so giebt er der Sache eine andere Wendung.
Dann ist nicht der „Arzt" von ihm zum Consilium berufen worden, sondern um=
gekehrt, der Arzt hat ihn, den Barbutz, consultirt! Und wie wirft er sich in die
Brust! Er und der berühmte Doktor So und So hielten heute Consilium! Und
Er war der Berufene!

Wenn's ihm einmal passirt, daß ihn Einer daran erinnert, daß er eigentlich
Nichts sei, als ein Pfuscher und Quacksalberer, so langt er in die Tasche und zieht
sein Diplom heraus; lesen kann er's aber nicht, denn es ist wirklich in gutem
Latein abgefaßt, wovon er keine Sylbe versteht.

Wo kam er aber zu dem Diplom, es ist auf Pergament gedruckt, auf seinen Namen
ausgestellt und mit dem großen Universitätssiegel versehen?

In Amerika giebt es Druckereien, welche sich zu dem schändlichen Gewerbe her=
geben, Diplome von Universitäten, von wo man sie nur haben will, Jena, Bonn,
Halle, Berlin oder sonst wo zu drucken, da braucht der seinsollende Doktor also
nur anzugeben, wo er studirt haben will, dem Setzer ist es ja gleich.
Auf diese Weise entsteht manches Doktor-Diplom in Amerika, so daß auch der
Besitz eines solchen nicht mehr vor Quacksalbern schützt.

Nach der alten Heimath sehnt sich der Doktor dieser Art nie; dort müßte er wieder
rasiren oder sein sonstiges Handwerk treiben.

———

5.

Das deutsche Dienstmädchen.

Das deutsche Dienstmädchen ist von Natur zum Kochen geneigt und besitzt als besonderes Keunizeichen ein liebebedürftiges Herz.

In Deutschland·war sie gering angesehen und noch geringer bezahlt. Sie mußte alle Dienste verrichten, die man von einem dienstbaren Geiste mit Anstand erwarten kann und oft noch mehr; der Lohn aber war so gering, daß er kaum zulangte, ein kattunenes Fähnchen anzuschaffen und auf den Sonntag eins von Wollenmouslin. Vielleicht war sie auch nicht in „auswärtigen" Diensten, sondern lebte bei ihren Eltern, armen Tagelöhnern, die kaum selbst im Stande waren, das tägliche Brod zu verdienen, und wußte vom Leben bis jetzt gar Nichts, als daß es aus Arbeit und Kartoffeln bestehe. — Da hörte sie von Amerika und wie dort die Dienstmädchen sich als „Ladies" kleiden und bezahlt seien gleich fürstlichen Leibweißzeugverwalterinnen. Sie ging daher zu Rathe mit ihrem Schatz, dem Bauernknechte oder Schreinergesellen oder was er sonst war, und mit vieler vieler Mühe wurde das nöthige Geld zusammengebracht, und fort ging's nach Amerika.

Sie kam hier an in ihrer alten vaterländischen Tracht, im kattunenen Kleidchen und im kattunenen Schürzchen, und ohne andere Kopfbedeckung, als die der liebe Gott auch den Thieren gegeben hat. Aber trotz Alledem, — ihr Schatz muß vielleicht wochenlang zusehen, bis er eine Stelle und Arbeit bekommt; sie hat nach zwei Tagen schon einen Dienst! Deutsche Dienstmädchen sind ein gesuchter Artikel in Amerika.

Freilich, mit dem ersten Dienst dauert's nicht lange. „Wie viel hast Du monatlich?". fragt sie eine Freundin, die schon längere Zeit „im Lande" ist, und sich auskennt. — „Sechs Thaler nur? Wo denkst Du hin? Du kannst zehn und zwölfe haben, — Du mußt zu Amerikanern in Dienst gehen!"

Gott! Welche Aussicht! Zu Amerikanern! Danach hat sie schon lange gedürstet; davon hat sie schon geträumt bei der Herüberfahrt, wenn ihr ihr Schatz Zeit dazu ließ, zum Träumen nämlich! — Zu Amerikanern! Eine Stelle bei Amerikanern betrachtet sie mit demselben Auge, wie ein deutscher Bedienter eine Stelle bei einem Grafen! — Die Amerikaner werden ja alle als Cröfusse geboren und sind nebenbei Geschwisterkinder von Lords und Herzogen! Sie kann zwar noch nicht englisch, erst ein Paar Worte Yes und No; aber das thut nichts; die Amerikaner sind ja so liebreiche, zuvorkommende Leute; die nehmen sie doch an, und — die technischen Küchenkunstausdrücke werden bald gelernt sein. Allerdings, das Bischen Englisch, das sie in ihrer Küche braucht, ist bald gelernt. Auch sonst kommt sie zurecht, denn die Küche einer „gewöhnlichen" amerikanischen Familie ist bald bestellt. „Beefsteak und Hammelfleisch," „Kartoffeln und Weißkohl," — die Speisen sind so ziemlich leicht zuzubereiten. Aber — es will ihr doch etwas sonderbar vorkommen, daß gar nichts Anderes gekocht wird, und es will sogar ihrem Gaumen nicht recht behagen, das ewige Beefsteak und Hammelfleisch! Und gar vollends die Ordnung der Dinge, daß was Morgens warm genossen wurde, Abends wieder kalt auf den Tisch kommt, ist nicht nach ihrem Geschmack! Es müssen doch keine Lords sein, die Amerikaner, bei denen sie ist. — Und dann die schreckliche Einsamkeit! Da ist keine liebe Freundin und Collegin, mit der man am Brunnen zusammenkommt, nur

das Herz gegenseitig auszuschütten; denn man geht gar nicht an den Brunnen, weil
man das Wasser im Hause hat! Da ist keine Hausfrau, welche die Neuigkeit so
gerne mitanhört, die die Magd zu erzählen weiß; denn die Hausfrau und das
Dienstmädchen verstehen einander gar nicht, viel weniger plaudern sie mit einander. Da ist kein Jakob, oder Joseph oder Fritz in der Nähe, mit dem man Abends
nach gethaner Arbeit um die Ecke gehen und ein Stündchen „schwatzen" kann. —
Und da ist auch kein Militär, an dessen Seite man stolz spazieren ginge. Immer
in der Küche ist sie; denn die ist für sie Wohnzimmer, Arbeitslokal und oft Schlaf-
gemach zugleich. Das eigentliche Wohnzimmer, der „Parlor," ist nicht für sie da.
Da innen hat sie nichts zu thun, als den Bodenteppich auszulüften und die Möbeln
abzustäuben.

Sie hält's nicht lange aus; besonders wenn es mit dem versprochenen Zwölfthal-
lerlohn hapert, d. h. wenn er nicht verabfolgt wird, wie's bei der lei amerikanischen Familien nicht gar selten vorkommt. Was hat ein Amerikaner sich viel um
so ein „Dutch Girl" zu bekümmern?

Nunmehr beschließt sie wieder zu Deutschen zu gehen, aber sie ist jetzt wählerisch
geworden. Ein Vierteljahr in New-York hat einen großen Unterschied hervorge-
bracht und Du kennst sie gar nicht mehr, die Anne Marie von Degerloch, oder die
Katharine von Kirchintellinsfurth! Sie heißt jetzt Mary oder Kathrine und hört
auf keinen anderen Ruf mehr. Sie geht auch nicht mehr im Kattunkleid herum
oder gar vollends ohne Kopfbedeckung. Im Gegentheil, sie trägt einen Hut mit
Schleier und ein Kleid von feinem Mousslin und nach der neuesten Mode gemacht.
Sie ist daher nicht mehr geneigt, zu einer Familie „mit Kindern" zu gehen; sie kann
das Kindergeschrei nicht ertragen und liebt's noch viel weniger, Kinder herumzu-
tragen. Auch der Küchendienst ist ihr so ziemlich zuwider, wenigstens die gröbere
Arbeit darin, wofür jedenfalls ein anderer Dienstbote engagirt werden muß. Eine
Stelle als Kammermädchen oder Zimmerzofe ist noch am meisten nach ihrem Ge-
schmacke, aber unter zwölf Thalern per Monat und einem Ausgangstag alle acht
Tage thut sie's in keinem Falle. Sie fühlt sich!

Nach einem Jahre besitzt sie zwei seidene Kleider und einen weißen Atlashut. Ein
halbes Jahr d'rauf kommt noch eine schwarze Mantille mit Spitzen dazu, nebst kurzen Filethandschuhen; sie ist jetzt eine vollständige Lady. Eine große Anzahl Leib-
wäsche wie überhaupt solche Dinge, die man nicht sieht, sind ihr vollkom-
mene Gleichgültigkeiten; auch gewaschene Unterröcke besitzt sie selten und Reinlichkeit
am „bedeckten" Leibe ist überhaupt nicht ihre Passion; aber eine goldene Broche —
sechskarätig thut's auch — und etwelche Ringe mit Steinen dürfen nicht fehlen.

Nunmehr wird sie eine besondere Freundin von Photographien und läßt ihr
„Likeness abnehmen", und sendet die „Likenesser" nach Deutschland an ihre Ver-
wandten und Freunde. Die müssen sie doch auch in ihrem „Staate" sehen! —
Sobald wieder ein neuer Hut oder ein neues Kleid angeschafft wird, muß wieder ein
Likeness hinaus!

Wie sie von Deutschland fortging, hatte sie sich vorgenommen, wenn sie einmal
ihre zwanzig Gulden den Monat verdiene, im Jahre wenigstens zweihundert Gulden zu ersparen. Jetzt aber nach zwei- oder dreijähriger „Dienstzeit" besitzt sie nichts
als — einen Koffer voll Kleider.

Dies bringt sie zum Nachdenken, d. h. nunmehr ist sie in das Zeichen des Wende-
kreises getreten. Entweder siegt die Liebe zu schönen Kleidern, und dann geht sie

in's Basement „mit freundlicher Bedienung," oder siegt die Liebe zum Fritz oder Jakob, oder Hannes und es wird geheirathet. Aber — dann Adieu Kleiderpracht! Ein Arbeiter kann so viel verdienen, daß ein Ehepaar l e b e n kann. Er verdient auch so viel, daß ein Paar Kinder mitleben können; aber — eine Lady kann er nicht erhalten. Madame ist keine „Madame," sondern eine Ehefrau, wenigstens am Werktage, und muß selbst waschen, selbst einkaufen, selbst heimtragen, selbst kochen, selbst scheuern, selbst Schuhe putzen! Nur gut, daß es einen Sonntag giebt und Sacred-Concerte und Biergärten, wegen der seidenen Kleider nämlich, die man vom „Lebigsein her" noch hat!

Besondere Liebhabereien des Dienstmädchens sind Bälle und Theater. Man kann sich zugleich sehen lassen und sein Herz erfreuen. Sie geht aber nur in Spektakelstücke, denn Trauerspiele rühren sie zu sehr. Von Leichenbegängnissen ist sie so wenig eine Freundin, als vom Kirchenbesuch. Nicht daß sie gefühllos oder irreligiös wäre, aber es ist nicht Mode unter den Deutschen in Amerika, nicht „fashion."

Ihre Sehnsucht nach Deutschland ist sehr gering. Dort wäre sie wahrscheinlich jetzt noch Magd, hier dagegen hat sie ihren eigenen anständigen Haushalt, aber zeigen möchte sie sich doch einmal draußen, was D i e Augen machen würden! —

6.

Der Temperenzler.

Der Temperenzler oder der Mäßigkeitsmann schwört, weder Wein, noch Bier, noch Schnaps, noch andere berauschende Getränke zu sich zu nehmen, sondern bloß Kaffee, Milch, Thee und vor Allem Wasser.

Der Temperenzler ist immer Amerikaner, selten Irländer, nie Deutscher und gar nie Franzose.

Der F r a n z o s e liebt den Wein; — der D e u t s c h e trinkt gern Wein und Bier und schwört darauf, daß Essen und Trinken Leib und Seele zusammenhalten; — der I r l ä n d e r wacht mit dem Gedanken an Schnaps auf und geht mit dem Gedanken an Branntwein zu Bette. Temperenzler wird er nur, wenn ihm der Fusel die Eingeweide halb zerrissen hat und er auf der Pritsche liegen muß, um sich wieder zusammenflicken zu lassen; ist er wieder kurirt, so erinnert er sich, daß Sanct Patrick eigentlich kein Mäßigkeitsapostel war und wirft sich von Neuem dem Schnaps in die Arme.

Ganz anders steht's mit dem Amerikaner. Vor zwanzig Jahren noch wurde gar kein Wein in Amerika gepflanzt und der wenige, der damals erzeugt ward, schmeckte nach — Wanzen. Der Wein aber, der von Spanien und Frankreich und Deutschland kommt, ist theuer und in selbigen Ländern schon meist zum „Exportiren" präparirt, d. h. angemacht worden. Und nicht genug damit, in Amerika selbst wird dreimal mehr Wein konsumirt, als importirt wird; die Weinhändler verstehen den Rummel und — Essig, Citronen, Wasser, etwas Branntwein, viel Traubenzucker, Molasses und ein Paar Tropfen Malaga geben einen vortrefflichen Rheinwein. Nirgends wird mehr Wein g e m a c h t , als in Amerika, soll da der Amerikaner eine Vorliebe für den Wein bekommen? — Und wie mit dem Weine, so mit dem Brandy. Das soll Franzbranntwein sein? Es ist vielleicht etwas Zucker, viel Wasser und einiges Scheidewasser oder Vitriol, aus dem d i e s e r Stoff zusammengesetzt ist, aber Branntwein ist kein Tropfen darunter. Der Zoll ist hoch

auf den Schnaps; darum wird er gemacht und die Fabriken sind Gott und
der Welt bekannt und tragen reichliche Zinsen. Die Gesundheitspolizei kümmert sich
ja um nichts und Gift darf eben so offen verkauft werden, wie ein anderer Artikel!
— Soll da der Amerikaner keinen Abscheu gegen das Schnapstrinken bekommen?
— Mit dem Bier stand's früher fast eben so schlimm. Da wurde Porter und
Ale aus England importirt; es war aber nicht mehr sonderlich gut, wie es ankam;
gebraut, im Lande gebraut wurde fast nichts als Strongbier, d. h. auf deutsch:
starkes Bier. Und ein starkes Bier war's, denn wenn keine Belladonna darunter
war, so waren es andere Ingredienzien, und die wirkten nervenerregend, kopfweh-
erzeugend, berauschend, betäubend! Drei Glas konnten den stärksten Mann werfen;
— war das ein Empfehlungsbrief für's Bier? Und wer hat das so prächtige Getränk in Verruf gebracht, wer anders als gewissenlose Fälscher?!
Von diesen Getränken gab's gar zu viele Betrunkene, denn zwei Glas Nigger-
brandy, d. i. Vitriolschnaps machen nicht bloß betrunken, sondern wahnsinnig, und
um dem Uebel auf einen Schlag abzuhelfen, ward das Temperenzthum erfunden.
Die Amerikaner dachten nicht daran, durch eine gute Polizei darüber wachen zu
lassen, daß die Wirthe keinen unächten, gesundheitswidrigen, aus schädlichen Stoffen
fabricirten Getränke ausschenken; dies war ihnen zu langweilig, und so machten sie es
viel kürzer und erfanden die Mäßigkeitsgesetze, d. h. das Verbot allen und jeden
Weines, allen und jeden Bieres, allen und jeden Schnapses. Ein
Mensch, der gar nichts mehr zu trinken bekommt, kann sich nicht mehr betrin-
ken; das ist ein Factum!
Die Hauptstützen des Temperenzthumes sind die Geistlichen und die Reichen.
Es kommt nicht darauf an, ob der Geistliche Methodist oder Presbyterianer,
Unitarier oder Mennonit, Quäcker oder Episcopale ist, in dem Punkt stimmen
Alle miteinander überein, daß je weniger Geld für Schnaps, Wein und Bier ausgegeben wird, um so mehr für kirchliche, d. i. „geistliche“ Zwecke ausgegeben werden
kann; — so sollte der Geistliche also kein Temperenzler sein? — Die Reichen aber
sind aus gleich edlen Beweggründen Temperenzler, denn die Arbeiter, die nichts für
Getränke ausgeben, können doch existiren, auch wenn sie weniger Lohn bekommen! — Ueberdieß, die Reichen und die Geistlichen brauchen keine Wirthshäuser. Die Anstalten, wo man das Getränk glasweise bekommt und bezahlt,
sind für den gemeinen Mann; der Reiche und Angesehene läßt sich den Wein und
Branntwein Flaschen-, Korb- und Faßweise in den Keller bringen!
Am meisten zu Hause ist das Temperenzthum im Norden Amerika's, und seine
besten Stützen sind die amerikanischen Bauern. Man hat ihnen so lange die Hölle
heiß gemacht, bis sie zur Mäßigkeitsfahne schwuren. Die meinen's nun grundehrlich! Kommst Du zu Einem, so siehst Du nichts als Wasser auf dem Tische, —
Wasser Morgens zum Kaffee, — Wasser Mittags zum Fleische, — Wasser Abends
zum Thee. Bist Du aber einige Tage da und erst ein Bischen in der Familie
„warm“ geworden, so nimmt Dich zuerst der Sohn auf die Seite. Er führt Dich
in den Stall neben der Scheune, und hinter einem großen Heubündel zieht er eine
dickbäuchige Korkflasche hervor und meint, ein guter Schluck könne an diesem kühlen
Morgen nichts schaden, nur sollst Du gegen Vater und Mutter zu schweigen wissen.
Nach dem Mittagessen zupft Dich die Hausmutter am Arme und führt Dich in ihr
Allerheiligstes und hinter einem breiten Kleiderschranke öffnet sie ein geheimes
Thürchen und zieht ein zierliches Fläschchen „ächten“ hervor und giebt Dir

einen „Tropfen für den Magen", und Du kannst deutlich sehen, daß das Fläschchen vom „Aechten" noch einige Schwesterchen und Brüderchen im Hintergrunde hat. Sie meint aber, Vater und Sohn brauchen nichts von diesen Magentropfen zu erfahren. — Zu allerletzt am Abend nimmt Dich der Hausvater an der Hand und geht mit Dir in das „Bibliothekzimmer", wie er's nennt, allwo ein großer Schrank die „Hausapotheke" enthält und aus einer der Medicinflaschen füllt er ein großes Glas, das Du mit ihm zu leeren gebeten wirst, und Du meinst: „dieser Brandy sei noch der beste von allen dreien", aber Du trinkst ihn nicht als Brandy, sondern als „Medicin"! — Auch der Hausvater calculirt, daß diese „Medicin" nicht für die übrige Familie passe und ermahnt Dich, das Geheimniß für Dich zu behalten.

Auf diese Art läßt sich's auch in einem Temperenzstaate und im Hause eines Temperenzlers aushalten, wenn Einer nicht gerade auf das Trinken im Wirthshause versessen ist, und — auch dafür giebt's Rath.

Die Temperenzfanatiker haben's nämlich in der That so weit gebracht, daß in einzelnen Staaten das Verbot des Weines, Liqueurs und Bieres zum Staatsgesetze erhoben wurde. Weiter sind sie bis jetzt noch nicht gegangen; sie haben z. B. das Küssen, das Heirathen, das Rauchen und das Essen noch nicht verboten. Ja auch das Trinken ist nicht ganz verboten: Zuckerwasser, Apfelwein, Limonade und Sodawasser sind erlaubt. In solchen Staaten sehen die Wirthe alle aus wie „frischgeborene Puritaner". Sie tragen hohe Vatermörder, ein frischrasirtes Kinn und einen Rock, der bis an die Knöchel reicht; das ist die ächte Sorte. Mach' Dich bekannt mit ihnen, so wirst Du vielleicht in's „Familienzimmer" zugelassen. Dieses liegt im dritten Stock, wenn einer da ist, im andern Fall im zweiten; und Du erstaunst, wenn Du die Treppen hinaufgestiegen bist, weder Frau noch Kinder allba zu treffen, wohl aber eine Gesellschaft Temperenzler, die sich alle damit beschäftigen, Wein, Bier und Schnaps so schnell wie möglich zu vertilgen; denn sie haben diesen mörderischen Getränken ebenfalls den Untergang geschworen.

Der Hauptunterschied zwischen einem Temperenzstaate und Nichttemperenzstaate ist der, daß in dem ersteren die berauschenden Getränke doppelt so theuer verkauft werden, als in dem letzteren, und daß dennoch die Zahl der Betrunkenen sich so ziemlich gleichkommt, ja sogar vorwiegend ist in den ersteren. „Keine Liebe brennt so heiß, als die, von der Niemand was weiß."

Seit der Einführung des Lagerbiers hat das Temperenzthum einen großen Stoß erlitten. Vor etwa 20 Jahren wußte man noch kaum etwas davon, jetzt ist es über die ganze Union verbreitet, und die Amerikaner schwören so gut zu ihm, als die Deutschen. Ein Deutscher, der seine zwanzig Glas „Braunes" vertilgen kann, ohne umzusinken, wurde noch vor wenig Jahren wie ein wildes Thier angestaunt; jetzt übertreffen ihn bereits viele „Natives"! Ein Getränk, das weder blödsinnig macht nach dem dritten Glase, wie das Strongbier, noch wahnsinnig aufregt, wie der Scheidewasserschnaps, noch die Gedärme blau färbt, wie das Sodawasser, und — doch den Durst löscht, das ist eine gottvolle Erfindung! So haben die Deutschen den Ruhm, daß sie den Amerikanern wenigstens Eine ihrer Heuchelei en verleidet machen werden, die Heuchelei des Temperenzthums. Bereits wackelt das stolze Gebäude, und in nicht langer Zeit wird's vom Erdboden verschwunden sein, wie noch aller Unsinn verschwunden ist.

Es werden zwar in der allerjüngsten Zeit auf's Neue Anstrengungen gemacht, durch Ausnahmegesetze den Genuß des Bieres in einzelnen Staaten ganz, in anderen nur am Sonntag zu beschränken; doch dies ist das letzte Aufflackern des heuchlerischen Muckerthums, denn je mehr die Kultur des Bieres verbessert wird und sich dem ächten deutschen bayerischen Bier nähert, wovon es leider noch immer weit entfernt ist, je mehr Freunde werden demselben unter den Amerikanern zugeführt werden.

Auch die Völkerwanderung, welche jetzt fast jährlich von Amerika nach Europa stattfindet, untergräbt die Bestrebungen der Temperenzler. Die Amerikaner, welche Deutschland bereisten, sind entzückt davon, wie selbst die bestsituirten Deutschen bei ihrem Töpfchen oder Seidel Bier sitzen und gemüthlich plaudern, wie selbst Mitglieder der höchsten Stände es nicht verschmähen, am Sonntag öffentliche Lokale zu besuchen und dort — o Grausen für ein amerikanisches Gemüth — öffentlich Bier oder Wein zu trinken, Musik und was es der unheiligen Dinge mehr giebt, anzuhören.

Alle diese von ihrer Wanderung durch Deutschland zurückkehrenden Amerikaner sind Gegner des Puritanismus und des Temperenzunwesens. Wir werden beide mit großer Freude in's Grab steigen sehen, und weinen vielleicht nur darüber eine Thräne, — daß Millionen von Menschen sich so lange Zeit dadurch das kurze Bischen Dasein vergällten und Anderen zu vergällen suchten.

7.

Heirathen in Amerika.

Wenn Einer in Deutschland heirathet, so kennt er nicht bloß seine Braut, sondern auch die Schwestern und Brüder derselben, er kennt ihre Eltern und Großeltern und die Onkels und Tanten, und die ganze ehrenwerthe Verwandtschaft bis in's dritte und vierte Glied. Er weiß, wie das Mädchen erzogen worden ist, in welcher Umgebung, in welchen Verhältnissen, mit welchen Ansprüchen sie bisher gelebt hat; er weiß, wie's mit den Eltern steht; alle künftigen Erbschaften und Anwartschaften sind schon zum Voraus in Anschlag genommen und es läßt sich daher der künftige Lebensweg des jungen Paares mit ziemlicher Bestimmtheit zum Voraus berechnen, Kinder und Sterbefälle abgerechnet. — Vor dem Verspruchstage macht der Liebhaber pflichtschuldigst bei den Eltern der „Zukünftigen" seine Aufwartung; man weiß natürlich, was er will, und ist längst entschlossen, das Jawort zu geben, aber man bittet sich doch einige Tage Bedenkzeit aus, um sich die Sache nochmals zu überlegen Endlich ist die Brautschaft fertig, die Heirath aber noch lange nicht. Prosit die Mahlzeit, man darf sich in einer gesitteten Gesellschaft nicht so übereilen. Ein Brautstand von einem halben Jahre ist das Geringste, was der Anstand erfordert; ein Pfarrkandidat bringt's oft auf zehn Jahre! — Aber jetzt geht's an's Heirathen. Huh, was eine Aussteuer Mühe kostet! Die Mutter der Braut hetzt sich seit Wochen ab, daß sie nur noch wie ein Schatten herumläuft; man wird wohl die Copulation um einige Zeit verschieben müssen, denn der Schreiner oder die Weißzeugnätherin haben noch nicht abgeliefert! Doch, es kommt endlich zum Schlusse, der Pfarrer bekommt den Auftrag des dreimaligen Aufgebots. Er hat den Fall genau untersucht und es ist in der That kein Hinderniß vorhanden; weder in Religion, noch in Verwandtschaft, noch im Alter, noch in der beiderseitigen Zustimmung der Eltern — nirgends ist ein Hinderniß. Der Hochzeitstag ist da, die Copulation ist angesetzt. Welche Pracht in neuen Kleidern! Und die Brautjungfern und Brautführer

— welche Luft und Freude! Was für ein Zug in die Kirche! Hunderte von Menschen strömen zusammen; — eine Hochzeit kann man doch nicht nur so vorübergehen lassen ohne nähere Notiz! — Der Pfarrer läßt's bei dem einfachen Copuliren nicht bewenden, es muß doch auch, wenn nicht eine besondere, stundenlange Predigt, doch eine Segenspendung in einer viertelstündigen Rede dazukommen, sonst würde ja das Brautpaar glauben, es sei nicht richtig verbunden. Endlich ist auch das vorüber, jetzt geht's an's Festessen und nach dem Essen an's Trinken und mit dem Trinken an die Toaste und nach den Toasten an's Tanzen, oh' — das Tanzen darf doch nicht vergessen werden! Es sind ja einige Dutzend junge Leute da, die müssen doch hüpfen und springen und sich im Kreise drehen und sich im Arme haben, denn sie wollen ja später auch einmal Hochzeit machen! Die Alten können sich einstweilen beim Wein vergnügen und ihrer, nunmehr bald silbernen Hochzeit gedenken.

So ist's in Deutschland, und in manchen Gegenden ist man sogar mit einer eintägigen Hochzeit nicht zufrieden, sondern macht eine zwei- oder dreitägige daraus, und kommt nicht zu Athem, als bis die Füße sich nicht mehr regen können.

Wie ganz anders in Amerika! — Der Amerikaner ist kurz angebunden, er hat keine Zeit zum langen Herumflankiren. Er lernt ein Mädchen in der Gesellschaft kennen, oder im Theater, oder auf einem Balle oder auch im Hause der Eltern; er braucht eine Frau; er glaubt, die passe. Er sagt's ihr, — sie sagt ja, den andern Tag lassen sie sich copuliren und gehen dann möglicherweise zu den Eltern, um diesen Anzeige davon zu machen. Vom „Kennenlernen" der Brautleute unter einander ist keine Rede; das kommt erst hintendrein.

Am ungemüthlichsten ist es für den jungen Deutschen in Amerika. Wo in aller Welt soll er eine Frau hernehmen?

Der Deutsche in Amerika weiß wenig vom Familienleben. Er ist meist zu eng logirt, um viele Besuche annehmen zu können. Und dann — an der Arbeit darf kein Tag ausgesetzt werden, wenn man nicht einen Taglohn verlieren will. Somit können sich die jungen Leute nur an öffentlichen Orten, in Wirthshäusern, oder Sonntags bei Concerten, im Theater, bei Bällen kennen lernen. Und was lernt man da von einander kennen? — Alles, nur nicht, was eine Frau im Hauswesen ist. Und dann wie viel in Amerika erzogene oder gar geborene deutsche Jungfrauen giebt es? Sind nicht die Alle schon längst amerikanisirt, und wollen keinen frisch eingewanderten Deutschen, besonders aber keinen Arbeiter? — Aber importirte deutsche Jungfrauen giebt's doch genug? Gar keine Frage, und was für Jungfrauen! Reise einmal mit einem Auswanderungsschiff nach Amerika, besieh' Dir das Leben auf diesen Schiffen, gehe hinunter in's Zwischendeck, wo sie zu Hunderten Alle unter einander leben, betrachte Dir die meisten der Mädchen, wenn sie allein reisen und nicht mit Eltern oder befreundeten Familien herüber kommen, wie schamhaft und züchtig sie sich schon nach der ersten Woche benehmen — ei, wie vergeht Dir die Lust, eine importirte Jungfrau zu heirathen! Und wenn sie auch „anständig" ankam, weißt Du etwas Näheres von ihr? Kennst Du ihre Verhältnisse? Wie sie aussieht, siehst Du, — wie's in ihr aussieht, muß erst die Zukunft lehren. Am Ende bist Du gerade so gut daran, Du setzest in die Zeitung, daß Du eine Frau suchst. Hundert gegen Eins, Du bekommst ein Dutzend Anträge. Verlangst Du gar vollends eine, die ganz ohne Vermögen sein darf und auch kein Wunder an Schönheit, so bekommst Du zum Minbestens ein doppeltes Dutzend Briefe. Nun lies aus. Es giebt ja Leute, die aus der Handschrift den Charakter zu erkennen vermögen, und wenn's nichts ist mit dieser Wissenschaft, was thut es? Eine „Katze im Sack" mußt Du auf jeden Fall kaufen, also besinne Dich, ob Du eine schwarze einer grauen, oder eine graue einer gefleckten vorziehst, besieh sie Dir und dann — frisch drauf los! — Handelst Du vernünftig, so gehst Du in die Heimath und holst Dir eine Lebensgefährtin, kannst Du dies nicht, — so schreib' nach Deutschland und importire ein frisches Röschen und sorge dafür, daß sie mit einer honetten Familie herüberkommt. Die Hauptsache ist natürlich: die Braut; das Copulirtwerden ist eine Kleinigkeit.

Du brauchst nicht zum Pfarrer zu gehen, wenn Du das nicht liebst; ein Richter kann die Ceremonie ebenso gut vornehmen. Und magst Du einen solchen nicht, so gehe auf's Rathhaus: jeder Aldermann oder der Major, ist mit Vergnügen bereit, Euch zusammenzuschließen. In ein paar Minuten ist Alles geschehen. Du zahlst Deinen Thaler und gehst mit Deiner Frau davon. Von einem Hochzeitsschmause ist auch nicht die Rede, wenn nicht zufällig derjenige der Dich copulirt, zugleich eine Wirthschaft hält (was im Lande sehr oft der Fall ist) und darauf sieht, daß außer Copulationsgebühren auch ein Paar Flaschen Wein draufgehen.

Umstand und Aufenthalt giebt's gar keinen. Man fragt Dich nicht nach Deinem Alter und nicht nach Deinem Vermögen; Du brauchst weder einen Heimathschein, noch einen Bürgerbrief; Deine Braut mag katholisch sein und Du ein Jude, man kehrt sich nicht daran; von einem Aufgebot in der Kirche ist ebenso wenig die Rede, als von der Einwilligung der Eltern; bist Du einundzwanzig und Deine Braut wenigstens vierzehn, so geht's keinen Menschen etwas an, ob ihr einander nehmt oder nicht, und wenn Du zehnmal ihr Onkel oder sie Deine Tante wäre. Das wäre eine schöne Geschichte, wenn man nach solchen „Lappalien" zu fragen hätte! Nicht einmal Handschuhe braucht man in Amerika zum Heirathen, und es ist Vielen schon zu viel, daß man sich überhaupt nur noch copuliren lassen muß, und die leben so zusammen und ihre Kinder sind doch legitim, weil ein Zusammenleben zwischen Mann und Weib vor jedem Richter so viel gilt, als wäre der Knoten in der Kirche geschlungen worden. Die Rechte der Frauen werden geschützt in Amerika!

So wäret Ihr denn verheirathet. Es war in einer Viertelstunde vorbei. Jetzt richtet Euch ein. Das Logis habt Ihr, jetzt fehlt nur die Aussteuer. Aber — die bringt Niemanden in Verlegenheit. Ihr geht in einen Möbelstore; das breite zweischläfrige Bett, das Bureau (Kommode), die Sessel, der Spiegel und vor allem der Schaukelstuhl sind bald gekauft. Jetzt noch zu einem Blechschmied; Ihr könnt unter hundert Kochöfen auslesen und alle sind mit dem zum Kochen nöthigen Geschirr versehen. In einer Stunde seid Ihr fix und fertig eingerichtet und habt schon Alles im Hause. Der nächste Grocer liefert gespaltenes Holz, Kohlen und Alles, was Ihr braucht. Habt Ihr Morgens Euch kennen gelernt, um zwei Uhr Euch trauen lassen, so eßt Ihr um sechs Uhr schon als Mann und Frau in der eigenen Wohnung zu Nacht.

Es geht flink in Amerika mit dem Heirathen! Ob's aber mit dem Glück in der Ehe ebenso flink geht, ist eine andere Frage. Gar viele hunderte Male kommt's vor, daß das Ding nicht recht klappen will. Die Leute passen nicht zu einander, und statt dem Himmel ist die Hölle in höchsteigener Person eingezogen. Das wird eine traurige Geschichte geben für das lange übrige Leben! Zum Frühstück Händel, — zum Mittag Katzbalgereien — und zum Abendessen Prügel! Und so vielleicht ein Dutzend oder noch mehr Jahre lang! Herrliche Aussichten das!

Mit Nichten. Wofür hätte man seine Füße, wenn man nicht mit ihnen davon laufen könnte? — Der Mann freilich thut's selten. Er muß seinem Geschäft nachgehen und kann seinen Aufenthalt nicht wechseln, wie ein Paar Handschuhe. Die Frau aber, die hat Zeit und Muße und oft auch den guten Willen dazu. Die packt auf und davon, und wenn Du Abends vom Geschäfte nach Hause kommst, so findest Du das Zimmer leer, Deine Frau hat sich empfohlen und als Begleitung die Möbeln mitlaufen lassen. Diese Nacht mußt Du schon auf dem nackten Boden campiren; den nächsten Morgen aber gehst Du in ein Boardinghaus und thust, als wenn Du Deiner Lebtage ledig gewesen wärest. Sei froh, wenn sie sonst weiter keine Ansprüche an Dich macht. Scheiden lassen kannst Du Dich in seltenen Fällen, denn nirgends in der Welt ist eine „gerichtliche Scheidung" schwerer, als in den meisten Staaten Amerika's. Gar Viele wollen freilich schwer hieran glauben, und meinen, wo die Heirath so leicht, müsse auch die Scheidung bequem sein; man läuft zum Notar und verlangt einen Scheidebrief. Der giebt ihm auch einen, wenn beide Theile mit einander übereinstimmen, aber nur einen Scheidebrief von „Tisch und Bett," eine Vermögenstrennung und gegenseitige Abfindung. Zum Wiederheirathen berechtigt eine s o l c h e Scheidung so wenig, als gar keine Scheidung! — Viele Deutsche springen auch auf's Zeitungsbureau und lassen da einrücken: „heute ist mir meine Frau So und So durchgegangen, kommt sie binnen drei Tagen nicht wieder, so betrachte ich mich als geschieden." Sie meinen, ein s o l c h e r öffentlicher Aufruf sei so viel werth als eine wirkliche Scheidung und man kann daher a l l e T a g e ein Dutzend und m e h r solcher „öffentlicher Aufrufe" in den Blättern lesen. Sie sind aber n i c h t m e h r werth, als ein Strohhalm. Gehe hin, heirathe wieder und dann lasse Deine erste Frau k l a g e n, so wirst Du ohne Gnade wegen Bigamie gestraft und die Strafe auf Vielweiberei ist — Zuchthaus.

Doch sei getrost, s i e k l a g t n i c h t, so wenig als D u klagst, wenn Du hörst, daß sie sich zum zweitenmale verheirathet hat. Wie viele Tausende giebt's in Amerika, die zum zweiten- und drittenmale verheirathet sind und ihre ersten oder zweiten Ehemänner oder Eheweiber leben noch! Beide Theile sind froh, daß sie einander auf so wohlfeile Art losgeworden sind und es fällt ihnen im Schlafe nicht ein, einander wegen so einer Kleinigkeit, als eine zweite Heirath ist, zu chikaniren. Willst Du aber ganz vorsichtig zu Werke gehen, so übersiedle in einen anderen Staat und nimm einen anderen Namen an. Wer kümmert sich darum? — Und wenn auch eine Klage vorkommt, es giebt ja Advokaten und mit Geld läßt sich viel machen. Vielleicht gelingt es Dir auch, die beiden Weiber, die erste und die zweite, mit einander zu versöhnen und Du lebst dann m i t b e i d e n, eine Geschichte, die sich öfters zuträgt, als man glauben sollte. — Freilich, die noch in Deutschland angetrauten Weiber lassen sich nicht so leicht abspeisen und wenn Du Eine draußen hast, und Du mußt befürchten, daß sie nach k o m m t, dann laß das Heirathen in Amerika. Besonders aber hüte Dich vor E h e v e r s p r e c h u n g e n, denn die sind noch schlimmer, als eine wirkliche Heirath.

Ein Eheversprechen m u ß gehalten werden in Amerika. In Deutschland hast

Du's nicht so genau damit genommen. Was ist ein bloßes Versprechen! In Amerika aber ist's ein ander Ding. Habe einmal Umgang mit einem Frauenzimmer, führe sie aus auf einen Ball, an einen Vergnügungsort; sei zutraulich gegen sie und sage ihr, daß sie Dir gefalle; bleib' dann den anderen Tag weg und hoffire mit einer Andern; ei, — wie schnell ist ein Verhaftsbefehl gegen Dich da! Du wirst vor den Richter geführt und da steht sie schon, die schöne Klägerin, und schwört, daß Du ihr Deine Hand mit oder ohne Herz zugesagt. Was willst Du machen? Auf ein Paar Jahre in's Gefängniß wandern? Oder heirathen? Du wählst natürlich das Letztere und der Richter schließt Euch gleich zusammen vor der versammelten Menge und aus der Klage ist eine Hochzeit geworden. Auch hieran kannst Du erkennen, mit welcher „Dame" Du es zu thun hattest, wenn sie Dich deshalb, daß sie Dir vielleicht erlaubte, ihr einen Kuß zu geben oder sie für Dein gutes Geld auf den Ball zu führen und mit Champagner zu traktiren, vor den Richter citirt und e i n i g e T a u-s e n d e D o l l a r s — billiger thut's Keine — als damage für ihren „guten Ruf" verlangt. Ein anständiges, gut erzogenes Mädchen will ihr Herzensgeheimniß wahrlich nicht vor einem öffentlichen Tribunal bloßgelegt sehen; anständige Eltern wollen sicher nicht, daß der Name ihres Kindes durch alle Zeitungen die Runde macht, und daß man an allen Orten davon spricht: Die hat Der und Der sitzen lassen und sie hat ihren Schatz wegen damage verklagt. Die Irländerinnen sind besonders stark in diesem Artikel. Sie kennen das Gesetz und sind sehr drauf aus, geheirathet zu werden, besonders von Deutschen. Sie bieten Dir a l l e Gelegenheit, vertraut mit ihnen zu werden, thue es, und — gefangen bist Du. Kein Gott kann Dich retten, außer wenn Du beweisest, daß Du schon eine Frau hast und dann mußt Du — z a h l e n.

Ist aber eine glückliche Ehe zwischen Deutschen schon so selten, wie prächtig ist erst eine Ehe zwischen einem Deutschen und einer Irischen! Die Sprache zwar, die lernt sich bald, aber — irische Gewohnheiten und deutsche Gewohnheiten! Zehnmal unter eilfmal ist sie betrunken, wenn Du nach Hause kömmst, und wenn Du alles Geld vor ihr verbirgst, und wenn Du dem Grocer sagst, daß Du keine Schulden mehr für sie bezahlst — sie versetzt ein Stück Möbel, ein Stück Kleid nach dem anderen, nur um Schnaps damit zu kaufen. Sag' was zu ihr, kanzle sie ab, gieb' acht, wie schnell sie ist mit der Zunge und dem „damned Dutchman!" — Bei einer Irländerin helfen nur S c h l ä g e. So denkst Du und versuchst dies Mittel. Ist Deine liebenswürdige Gattin zur Zeit betrunken gewesen, so daß sie nicht weiß, was mit ihr geschehen, dann ist Dir wohl; denn sie kennt kein Rachegefühl; hat sie aber noch Bewußtsein gehabt, dann schickt sie Dir sicher einen Pat, Jimmy, Sam, Johnny oder sonst einen liebenswürdigen Vertreter der grünen Insel als Rächer der „weiblichen Ehre" und Du kannst Dir Deine Knochen in einem Sacke sammeln. Heirathe aber vollends eine A m e r i k a n e r i n, o Du armer Deutscher, da bist Du ganz verloren; denn in ihren Augen bist und bleibst Du doch immer nur ein „verachteter Deutscher". — Natürlich Alles mit Ausnahmen, wie überhaupt mit dieser Darstellung nicht gesagt werden soll, daß es nicht auch sehr glückliche Ehen giebt, die in Amerika geschlossen worden sind, — daß nicht auch auf amerikanischem Boden prächtige, arbeitsame und tugendhafte Mädchen existiren, die einen Mann glücklich machen können. Bist Du ein Glückspilz, so gewinnst Du das große Loos; — ein Glückspilz bist Du, wenn Du eine Dich beglückende Frau findest.

———

8.
Der deutsche Winkeladvokat.

Der Winkeladvokat wird auf englisch „shyster," deutsch „Schinder" genannt. Ein Schinder ist in Deutschland ein Mann, der die gefallenen Thiere ausweidet und ihnen das Fell abstreift; in Amerika ist ein Schinder ein Mann, der seinen Landsleuten bei lebendigem Leibe die Haut über die Ohren zieht. Er fängt seine Carrière an als Dollmetscher, nicht als vom Staate oder der Stadt angestellter Dollmetscher, sondern als Dollmetscher „auf eigene Rechnung". Der Deutsche in Amerika bringt's selten bald so weit, sich im Englischen richtig oder auch nur verständlich ausdrücken zu lernen, und es giebt Viele, die schon zwanzig Jahre im Lande sind, und doch noch nichts sprechen können, als ihre Muttersprache. Wie sind die in Verlegenheit, wenn sie einmal, vielleicht wegen einer Kleinigkeit, vor Gericht oder vor sonst eine Behörde gefordert werden! Sie stehen da, wie der Ochs am Berge, denn der Beamte wird doch nicht ihretwegen deutsch sprechen lernen? — Und während sie so dastehen, kommt der freundliche Landsmann, der sich als „Dollmetscher auf eigene Rechnung" vor den Gerichtshöfen herumtreibt und nimmt sich ihrer an, natürlich gegen Geld und gute Worte, wobei übrigens die Letzteren die Nebensache bilden. — Wie staunen sie ihn an, den deutschen Landsmann, dem die englischen Worte so fließend aus dem Munde gehen, als hätte er seiner Lebtage nichts Anderes zu thun gehabt!

Und doch geht Alles ganz natürlich zu! Er, der Dollmetscher, kam ziemlich jung hierher, in welchem Alter das Gedächtniß noch frisch und die Zunge geläufig ist; er war von Jugend auf ein Freund vom Nichtsthun, so was man einen „kleinen Taugenichts" nennt, trieb sich daher viel auf der Straße herum unter der „fröhlichen" amerikanischen Jugend, vielleicht unter den „Loafern" und Straßenlungerern, und lernte so spielend sein Englisch, und besser, als wenn ein Anderer, ein schon älterer Mann, tagtäglich einen Lehrer mit einem Dollar bezahlt.

Dollmetscher bleibt er aber nicht lange. Es trägt zu wenig ein, besonders seit in einigen Städten, wo viele Deutsche wohnen, und wo vielleicht der „Nativismus" nicht so gar sehr überwiegend ist, auf städtische Kosten beeidigte Dollmetscher bei den Polizeigerichten angestellt sind. Will den Herrn selber machen, denkt er und so rückt er vor aus eigener Machtvollkommenheit und wird „Advokat". — Freilich zur Führung eines Criminalprozesses langt's nicht; er hat auch gar kein Verlangen darnach, denn es gelüstet ihn durchaus nicht, mit seinen Kenntnissen „offen" zu prangen. Auch müßte er ja vorher eine Prüfung durchgemacht haben; denn wirkliche Advokaten haben in Amerika ein Examen zu machen, das zwar leicht genug ist, aber doch zu schwer für Einen, der gar keine Kenntnisse hat! So hält er sich an Civilprozesse, Schuldklagen und die vielen kleinen Prozesse, die bei den Polizeigerichten vorkommen. Diese Kleinigkeitskrämereien, die jeder Mensch mit einigem Verstande ohne fremde Hülfe abmachen kann, sind sein Element; besonders aber die Fälle, wo der Betreffende lieber sich etwas gefallen läßt, um nur nicht vor Gericht erscheinen zu müssen!

Man sollt's kaum glauben, daß er's so weit gebracht hat! In Deutschland war er ein Nichts, vielleicht ein Metzger, der das „Schinden" ja praktisch erlernen muß; oder ein Schreiber, der draußen im Verwaltungsfache „verunglückte"; oder endlich ein Theologe und Wortgottesprediger, der zu frei dachte oder vielmehr

l e b t e und deshalb umsattelte. — Möglich ist's, daß sein Leumund draußen nicht
der beste war; möglich, daß er wegen eines kleinen Mißgriffs in der ihm anvertrau-
ten „Kasse" zum Zuchthaus verurtheilt und f l ü c h t i g oder nach einigen Jahren
„Wollespinnen" zur Auswanderung b e g n a d i g t wurde; möglich, sogar wahrscheinlich, daß er wegen liebebedürftender Absichten auf „unconfirmirte Kinder" mit
Schmach aus dem Clerus gestoßen und zur Auswanderung gezwungen wurde; möglich, daß er sonst irgend ein gemeines Vergehen in der alten Heimath auf sich sitzen
hat, s o g a r s e h r m ö g l i c h; allein Deutschland ist Deutschland und Amerika ist
Amerika, und s o l c h e Kleinigkeiten hindern ihn nicht, in Amerika den „wichtigen"
Mann zu spielen und als Advokat aufzutreten. Freilich, an sich ist das Zutrauen
der Landsleute nicht groß. Von „draußen" her hatte er k e i n e n Namen, außer
einem s c h l e c h t e n, und in Amerika hat er sich noch keinen erworben, keinen
g u t e n nämlich, wenigstens nicht durch gewonnene Prozesse. Allein was will
das Publikum machen? Zu einem amerikanischen Advokaten kann man nicht
gehen, weil man sich ihm nicht recht oder auch gar nicht verständlich machen kann,
und so — erhält der Winkeladvokat die Clienten. Auch kann man ihm nicht nach-
sagen, daß er nicht sein Möglichstes thut, Clienten zu bekommen. Nicht etwa durch
rechtliche und billige Behandlung derselben; Gott behüte, davon ist er weit entfernt!
Auch nicht etwa durch sein ruhiges, anständiges, höfliches und gebildetes Benehmen;
Helf uns Gott, das sind ihm böhmische Dörfer! Nein nicht hierdurch, aber dadurch, daß er sich in den V o r s ä l e n der Polizeigerichte mit seiner Vertrautheit
zu den G e r i c h t s d i e n e r n und dergleichen Bediensteten breit macht; dadurch, daß er seine „Zuführer" (natürlich bezahlte Zuführer) hält, die sein Lob
unter der Hand a u s s c h r e i e n müssen und ihm lange nicht so viel kosten, als dem
Wunderdoktor seine Annoncen; und besonders dadurch, daß er die Wirthshäuser
fleißig frequentirt und in einem derselben sein Hauptquartier aufschlägt. Dem
Wirthe muß doch daran liegen, dem Manne Kunden zu verschaffen, schon deswegen, um zu seinem Gelde, der Bezahlung der Zechschuld nämlich, zu kommen,
und dann auch deswegen, weil die Präliminarien eines Processes nie ohne ein
Paar Flaschen Wein abgemacht werden. Geld für eine „Office" auszugeben, hat
daher der Winkeladvokat nicht nöthig; — das Wirthshaus ist seine Office.
Die Gebühren, die er rechnet, sind nicht gering, jedenfalls nicht geringer als die
Gebühren eines „wirklichen" Advokaten. Uebrigens läßt er mit sich „handeln"
und wenn er Dir „für den Anfang" fünfzehn Dollars abfordert, was keine Selten-
heit ist, so biete ihm getrost fünf, er ist sehr wohl mit zufrieden. Natürlich liegt
ihm am meisten am Angeld. Der Prozeß mag nachher zum Teufel gehen, wenn
er nur das Angeld hat!
Hat der neugebackene Advokat eine Zeit lang debütirt, und in Fällen, wo er, weil
seine Kenntnisse nicht zureichten, selbst nicht zurechtkam, — sich der Hülfe eines
amerikanischen Advokaten bedient, so wirft er sich auf P o l i t i k. Natürlich hält
er es mit der h e r r s c h e n d e n Partei, oder wenn gerade Wahlen im Anzuge sind,
mit der Partei, die am meisten Aussicht hat, an's Ruder zu kommen. Hat er sich
in dieser Beziehung verrechnet, so macht das für einen Mann von seiner Elasticität
nichts aus. Er changirt seine Meinung über Nacht. — Als Politiker macht er den
H a u s k n e c h t irgend einer bedeutenden Persönlichkeit, denn da fallen nicht blos
Hausknechtstrinkgelder ab, sondern es ist vielleicht später möglich, wenn die „Persönlichkeit" ein Amt bekömmt, ein H a u s k n e c h t s ä m t c h e n zu erwischen! Un-

.beſcheiden iſt er hierin nicht; er nagt gerne an den Knochen, die ein Anderer mit dem Fuße weggeſtoßen. — Hie und da verſteigt er ſich bis zur öffentlichen Redner- bühne, natürlich nur unter ſeinen deutſchen Mitbürgern, und auch hier nur unter dem Theil derſelben, der ihn nicht näher kennt. An dem „Redenhalten“ ſelbſt liegt ihm wenig, es fällt ihm auch ein Bischen ſchwer, aber daran liegt ihm, daß ſein Name in der Zeitung genannt wird. Seine Hauptleidenſchaft iſt das Notar werden; dazu hat man ſchon manchen Lumpen gemacht, denkt er, und Einer mehr oder weniger, thut nichts zur Sache. Es gehört auch lediglich gar nichts dazu als die Empfehlung eines angeſehenen Po- litikers beim Gouverneur des Staates! Und dieſe „Empfehlung“ iſt oft mit fünfzig Dollars zu erlangen! Sind's ja doch ſchon Leute geworden, die von Deutſchland infam weggejagt wurden; Leute, die Jahre lang alle Wochen ſieben Mal betrun- ken in der Goſſe lagen; — Leute, die ſogar als deutſch-amerikaniſche „Landpfarrer“ zu erbärmlich gefunden wurden, — warum ſollte er's nicht werden? — Es koſtet ja dem Gouverneur nur einen Pinſelſtrich, und dem liegt nichts daran, ob ſo ein deut- ſcher Notar ein Schuft iſt oder nicht.

Was hat aber der Winkeladvokat von dem Notarship? die Ehre allein, es zu ſein, kann ihn ſicher nicht veranlaſſen, es zu erſtreben, denn dieſes Subjekt hat ja keine Ehre im Leibe.

Haben Deine Landsleute keine Erbſchaften in Deutſchland zu erheben; brauchen ſie keine Vollmachten und ſonſtige Urkunden? Und wie der Herr Notar die ſich oft bezahlen läßt, das wiſſen die — Geprellten am allerbeſten! Dieſe Art Notare haben ihre Agenten in allen Wirthshäuſern, die ihnen die Kunden zuweiſen. Hat er nicht das Recht, Wechſelproteſte zu erheben und ſelbſt ein Wechſelgeſchäft nach Deutſch- land anzufangen, wenn ihm anders — Jemand Geld anvertraut? — In Deutſch- land wäre der Herr Winkeladvokat und Notar längſt im Arbeitshauſe, — in Ame- rika iſt er eine Perſönlichkeit mit einem Amtsſiegel.

Hie und da freilich hat der amerikaniſche shyster eine kleine Angſtperiode durch- zumachen. Das iſt, wenn er Jemandem nicht bloß das Fell, ſondern auch das Fleiſch abzuziehen verſuchte, oder wenn er als politiſcher Hausknecht zu frech würde. In ſolchen Fällen wagt es hie und da Einer, den Herrn „Advokaten“ oder „Notar“ auf ſeine „frühere Laufbahn“ hinzuweiſen. — Geſchieht das ſo nebenbei im Wirthshaus, ſo hat's wenig auf ſich; ein Wirthshausgeſpräch iſt ja nur ein Wirthshausgeſpräch! Geſchieht's aber öffentlich vor einer verſammelten Menge oder gar in einer Zeitung, dann — kratzt er ſich hinter den Ohren, der Herr Notar und Advokat. Doch er weiß ſich zu helfen. „Steh' ihm bei, göttliche Frechheit!“ — Den andern Tag erſcheint ein Gegenartikel, worin die vorgewor- fene „Niederträchtigkeit und Schuftigkeit“ friſchweg geläugnet wird, und höchſtens einige „jugendliche Unbeſonnenheiten“ zugegeben werden. „Soll der Angreifer es weiter treiben und die gerichtlichen Akten aus Deutſchland kommen laſſen?“ Das macht zu viel Umſtände und auch Koſten. Das weiß der „shyster“, und darauf baut er. — Und wie ſelten kommt ſchon das vor, daß der Schinder überhaupt nur öf- fentlich angegriffen wird! „Was mich nicht beißt, macht mich nicht heiß“, iſt ein altes Sprüchwort, und ein noch älteres; „Wer im Dreck rührt, beſchmutzt ſich“. — So bleibt der Herr Advokat und Notar meiſt ungeſchoren, bis er vielleicht zu viel „notariellen“ Dreck „an den Stecken“ bekommt, und in einen andern Staat oder gar auf engliſchen Grund und Boden verdampft.

Der größte Stolz für den Shyster ist es, seine „Karte" drucken zu lassen, mit den Worten darauf: „Doktor N. N., Advokat und öffentlicher Notar". — Der allergrößte Stolz aber ist es für ihn, diese Karte nach Deutschland zu senden. Dort sperren sie Maul und Nase auf und denken: was aus dem Menschen geworden ist! Ein Titel macht immer seinen Eindruck!

9.

Der New-Yorker Bierwirth.

In Amerika hat Einer das Recht, Alles zu werden. — Dies Recht hat auch der deutsche Doctor juris, wenn ihn das Unglück nach Amerika verschlägt. Allein er macht selten Gebrauch von diesem Rechte, denn er wird fast nie etwas Anderes als Bierwirth.

Er thut's vielleicht nicht gerne, aber — es bleibt ihm nichts Anderes übrig! 's ist übrigens keine so gar üble Beschäftigung, denn sieh' ihn Dir einmal an, den deutschen Bierwirth in New-York und in Amerika!

Er ist meist ein Mann von 30—60 Jahren, hat einen dicken Bauch, trägt einen Schnurrbart, führt hier und da eine Brille und giebt sich nie mit Glacéhandschuhen ab.

Seinen Aufenthalt hat er überall, hauptsächlich in den gangbaren Straßen, wo viel Deutsche verkehren. Im Uebrigen hat er's weiter gebracht, als ein Amphibium, denn er lebt theils unter, theils auf, theils über der Erde.

Wenn unter der Erde, so heißt man's ein Basement; wenn auf der Erde, so heißt man's einen Store; wenn über der Erde, so ist's ein Saloon.

Die Basementer wollen nicht mehr recht ziehen. Sie sind zu tief unten und man liebt doch bei hellem Tage lieber das Licht der Sonne, als das Gaslicht, aber was will man machen? In der unteren Stadt sind die Stores gar zu theuer und werden von den Hauseigenthümern nicht einmal gern zu Wirthschaften hergegeben. — Die Saloons wollen auch nicht mehr recht ziehen, die Leute lieben es nicht, so hoch zu steigen, aus Furcht, sie könnten herunter fallen, und so hilft nichts, als daß der Wirth nachhilft, nämlich mit einem Flaschenzuge, bestehend aus Musik, Tanz und schönen Kellermädchen. — Am besten steht's noch mit den Stores, den Lokalen ebener Erde; da ist doch der Verkehr ein naturgemäßer. Wenn nur die theure Rente nicht wäre, die sogar immer im Voraus entrichtet werden muß, was für einen Zahlungsunfähigen immer etwas Unbequemes ist.

Da steht sie nun, die deutsche Bierwirthschaft! Geh' einmal hinein, lieber Leser, und sieh' sie Dir an. Du kannst zehn ansehen, ja hunderte, und sie sehen alle einander gleich, wie ein Esel dem anderen. Du brauchst auch nicht weit zu gehen, um den Vergleich anzustellen. In der Williamsstreet, in der Chathamstreet, in der Bowery, in „Deutschländle" und in „Ebenes" (Avenues), kannst Du in einer Länge von hundert Schritten drei Dutzend zählen und nicht selten in Einem Hause drei: ein Basement, — einen Store und einen Saloon. Geh' hinein, auf gut Glück, daß Du „frisch angestochen" findest.

Da siehst Du zuerst eine Bar mit einer langen Platte darauf und hinter dem Schenktische ein Gestell für Gläser, Flaschen und etwelche Citronen nebst Cigarren. Im Zimmer stehen der Länge nach ein halb Dutzend oder auch ein ganz Dutzend Tische, rund oder viereckig, wie's gerade kommt, und um die Tische hölzerne Stühle.

An den Wänden hängen etwelche Gemälde, historische Bilder, vielleicht ein Stahlstich aus alter Heimath oder ein Portrait vom Vater oder der Mutter, — und die sehen so traurig und verlassen drein; man glaubt, es hänge ihnen eine Thräne im Auge.

Voilà tout sagt der Franzose. Aber er hat nicht Recht; es ist dies nicht Alles. Die Hauptsache ist vergessen. Du meinst nun wahrscheinlich: die Gäste. Ach, die sind freilich auch vergessen, denn es sind wenig genug da und sie kommen vielleicht auch nie in großer Menge. Wo sollen sie auch herkommen, es giebt ja fast so viele Wirthshäuser als Gäste! Aber was ich unter der „vergessenen Hauptsache" meinte, das ist der Mann hinter dem Schenktisch.

Kennst Du ihn nicht, den Mann dort mit dem dicken Bauche, mit der Brille auf der Nase, mit den geschwollenen Fingern und dickem Siegelringe, mit dem roth angelaufenen Gesichtsvorsprunge? Du hast ihn doch früher oft genug gesehen, Du hast ihm vielleicht zugehört, wie er vollblutschnaubende Reden hielt; Du hast ihm gelauscht, wie er mit gewichtigem Nachdruck im politischen Zank seine Endentscheidung gab! Schüttele nicht mit dem Kopfe, es ist freilich derselbe, es ist der frühere Altnar „so und so", es ist der frühere Advokat U. oder X.; es ist der frühere Doctor juris, er ist's und kein Anderer.

Freilich, damals vor Jahren sah er anders aus, seine Gestalt war noch schlank, sein Gesicht frisch, sein Auge hell. — Und jetzt!

Ja, er hat's weit gebracht. Er hatte einst eine angenehme Stellung, er lebte im Umgang mit Seinesgleichen, er war angesehen und geachtet, sein Geist war frisch und lebhaft, denn Lectüre und Gesellschaft gab ihm jeden Tag neue Nahrung; er war ein Mann, wie ein Mann sein soll, eifrig in Erfüllung seiner Pflichten, heiter im Kreise seiner Familie, geistreich in Mitten seiner Freunde. Und jetzt?

Nun jetzt ist er New-Yorker Bierwirth. Er hat Nichts zu thun, als Bier einzuschenken und Bier zu trinken. Morgens früh fängt er an, und Abends spät hört er auf. Eine glorreiche Beschäftigung! Wenn Niemand kommt, so trinkt er aus Verzweiflung; — wenn Leute da sind, so trinkt er aus Gesellschaftsrücksichten. — immer aber trinkt er.

Da kommen zehn, zwölf auf einmal; heute ist ein guter Tag; das Geschäft geht. Der Miethzins kann bezahlt werden. Drei, vier treten an den Schenktisch. „Vier Ponies!" kommandirt eine Stimme. Oh! heute ist ein Tag des Glücks, denn an den Ponies hat der Wirth den doppelten Profit, weil's nur kaum halbe Gläser sind. „Du trinkst auch eins mit," ruft eine andere Stimme dem Wirth zu, es ist die Stimme vielleicht eines Maurerhandlangers, der einmal früher draußen im alten Vaterlande in des jetzigen Wirths Garten die Mauer ausbesserte oder wenigstens den „Speiß" herbeitrug, oder ist's die Stimme eines früheren Arbeitshaussträflings, der auf die Festung kommandirt war, um für die damaligen politischen Untersuchungsgefangenen den Aufwärter und Spion zu machen. — Jetzt ist der ehemalige Maurerhandlanger oder Arbeitshaussträfling der „Du freund" des ehemaligen Rechtsconsulenten, und hat ihn auch der Rechtsconsulent nicht dazu gemacht, so hat er sich doch selbst dazu gemacht, denn er verzehrt sein Geld dort und da muß es sich der Wirth doch als Ehre anrechnen von ihm mit „Du" angeredet zu werden.

Verfüge Dich doch hinaus in die Küche; nicht dorthinein, denn dort geht's in's Freie; nein dorthin, in jenes finstere, dumpfige Loch, wo den ganzen Tag das Gas brennt und die Hitze Sommer und Winter einen Nigger braten würde. Siehst Du sie dort, die blasse, magere Frau mit den grau gesprenkten Haaren? Sie macht eben ein Kotelette fertig, wo sie draußen die Dame war. — Siehst Du diese arme, abgehärmte Frau? Sie ist das Weib des dicken Kameraden hinter dem Schenktisch, sie war sein treues Weib drüben im alten Vaterlande, sie ist es auch hüben im neuen, aber nicht mehr lange, denn der Küchendunst in dem engen feuchten Loche wird der Sache über kurz oder lang ein Ende machen.

Er kam nach New-York voll froher Hoffnungen. Sein altes Vaterland war ihm zu enge geworden oder auch hatten sie ihn dazu genöthigt, der alten Heimath Valet zu sagen. Einen neuen Wirkungskreis wollte er sich gründen, einen viel weiteren, viel größeren. Er hatte ja Kenntnisse, viel Kenntnisse, wie konnte es ihm fehlen? Freilich, natürlich, auf eine Staatsanstellung konnte er nicht hoffen, denn erstens giebt's in Amerika wenig Staatsbeamte und zweitens werden sie da nicht warten mit der Anstellung, bis so ein Deutscher von drüben herüber angeschneit kommt. Aber es giebt ja andere Stellen genug.

Also frisch weg zu einem Advokaten. Das ist ein goldener Boden in Amerika, wo kein Mensch leben, ohne einen Prozeß gewonnen, und kein Mensch sterben kann, ohne wenigstens den letzten Prozeß verloren zu haben. — „Wenn man auch nur als Advokatenschreiber im Anfang ankömmt!" — denkt unser Mann in seiner deutschen Einfalt; aber „können Sie englisch sprechen?" ist die erste Frage, und mit dieser ersten Frage ist die zweite schon abgeschnitten. Hier ist also nichts zu machen. — Nun zu einem Engroshändler. — „Verstehen Sie die englische Correspondenz?" — Auch wieder nichts zu machen. — Doch da ist eine Stelle als Lehrer ausgeschrieben. — „Zu welcher Kirche gehören Sie? Wir nehmen nur einen Rechtgläubigen." — Wieder nichts zu machen. — Ueberall nichts zu machen. Als „Pfarrer" hätte er vielleicht ankommen können, wenn er sich dazu verstanden hätte, sich selbst, seine Grundsätze, seinen Glauben zu verläugnen; — aber er ging ja von Deutschland fort, um von nun an ganz seiner freien Ueberzeugung zu leben!

Freilich, wäre er Schuhmacher gewesen, oder Schneider, oder auch nur Maurerhandlanger, hätte er irgend etwas „Rechtes," nämlich ein Handwerk verstanden, — freilich, dann hätte es ihm nicht gefehlt. So aber — wissenschaftliche Kenntnisse gewähren in Amerika keinen Lebensunterhalt, es müßte denn Einer so gut englisch verstehen, als ein geborener Amerikaner, und dann gehörte er wahrhaftig in's Narrenhaus, wenn er sich mit der Wissenschaft als Gelderwerb befassen würde, in die sem Lande nämlich.

Was nun? Lehrling irgend eines Handwerks werden? Dazu ist er zu alt. — Ein Importgeschäft anfangen? Dazu gehört Erfahrung und Geld. — Bauer werden und eine Farm kaufen? Dazu ist er zu schwach und der harten Arbeit ungewohnt. — Was bleibt ihm also übrig, als eine Bierwirthschaft? — Man muß doch Etwas treiben, um nicht Hungers zu sterben und „in Amerika braucht man sich an keiner Arbeit zu schämen," ist ein althergebrachtes Sprüchwort.

Eine schwere Arbeit ist's freilich nicht. Er braucht nicht mit dem Kopfe zu arbeiten, der neugebackene Bierwirth; er braucht überhaupt gar keinen Kopf. — Im Anfang genirt ihn das ein wenig, und doch wie leicht gewöhnt er sich daran? Ein Tag ist wie der andere; er wird hinter dem Schenktisch zugebracht. Ein Abend ist wie der andere, es werden ein Dutzend Cigarren geraucht und zwanzig bis vierundzwanzig Glas Bier dazu getrunken. Ist das nicht ein Leben, wie es sich für einen

Mann von Bildung, einen Mann von Kenntnissen geziemt? — Mann und Frau
sind in demselben Lokale; sie sehen sich aber nur Abends, denn sie ist in der Küche
und er am Biertisch.

Nach fünf Jahren „Wirthschaftthums" m a g der ehemalige Advokat oder Beamte oder Gelehrte nichts Anderes mehr ergreifen; nach zehn Jahren k a n n er
nichts Anderes mehr ergreifen. Zehn Jahre lang alle Abende „genug" haben, macht
den Kopf nicht heller. Nach zehn Jahren ist der Herr Wirth ganz so geworden, wie
ihn seine neuen „Duhfreunde" haben wollten, — er hat sich mit dem Volke amal-
gamirt.

Dies ist e i n e Art Bierwirthe, und wir möchten sie die „gelehrten" nennen;
unter ihnen findest du viele Achtundvierziger, und solche, die es sein wollen.

Eine andere Species New-Yorker Bierwirthe ist folgende:

Der Hans oder Jörge hatte sein gutes Handwerk; er verdiente schönes Geld, mehr
als ihm gut that; wäre er nur so gescheidt gewesen und hätte die hübschen Dollars
jede Woche auf eine Sparbank gethan. Aber, so dachte unser Hans oder Jörge, „die
Banken können brechen und dann kommst du um dein schönes Geld, besser du thust
Deinem Körper etwas Gutes an." Gedacht, gethan; und so wurde aus dem fleißigen
Arbeiter, ein fleißiger W i r t h s h a u s b e s u c h e r, wobei er sich viele Freunde erwarb,
d. h. solange er treatete. Der frühere gute Arbeiter wurde durch dieses Leben der Arbeit überdrüssig und kam auf die Idee, das, was er jetzt dem Wirthe zu verdienen
gab, sich selbst zu verdienen geben. Freunde und Bekannte hatte er ja, und daß die
etwas consumiren konnten, wußte er auch, also wurde eine Lagerbierwirthschaft angefangen. Mit einem freien Lunch wurde sie eröffnet, womöglich gar mit Musik,
aber ohne Tusch wird diese Art Wirthschaft bald zugemacht, denn gar schnell findet
Hans oder Jörge aus, daß er fast der einzige Customer ist, und daß er auch das
jetzt billige Bier nicht bezahlen könne, wenn er nicht arbeitet. Das Eldorado der
ersehnten Bierwirthschaft dauerte also hier nicht lange.

Es giebt noch eine andere Gattung New-Yorker Bierwirthe:

Seht jenen Menschenfreund, jenen Volksbeglücker! In allen Versammlungen,
wo es das Wohl der Mitbrüder gilt, ist er zu finden und hält feurige Reden. Insbesondere interessirt er sich für die Arbeiterfrage und sucht es dahin zu bringen, in
ein Comité gewählt zu werden. „Das ist der Mann," spricht der große Haufe,
„Der will unser Bestes" (allerdings das Beste — deren Geld); so wird der Volksbeglücker populär und benutzt seine Popularität zur Eröffnung einer Lagerbierwirthschaft. Diese wird nun alsbald stark frequentirt, denn man muß doch seine Ge-
sinnungsgenossen unterstützen, und es ist doch so schön von Demjenigen, den man
auf der öffentlichen Tribüne „beklatscht" und „behurraht" hat, ein Glas Bier eingeschenkt zu bekommen, das schmeckt besser als beim ehemaligen Schufter und
Schneider.

Diese Art Wirthe lukriren außerordentlich, sie werden reich und ziehen sich als
Kapitalisten schnell vom Geschäft zurück; dann sind sie aber keine Arbeiterfreunde,
keine Communisten mehr, sondern gehen in das gegenseitige Lager über und kennen
ihre früheren Freunde nicht mehr.

Dieser Art von Bierwirthen hat New-York seine zahlreichen Feste zu verdanken;
diese Art Bierwirthe lassen keine Gelegenheit vorbeigehen, ihr Bier an den Mann
zu bringen, es mag ein Ereigniß auf amerikanischem oder deutschem Boden von nur
einiger Bedeutung stattgefunden haben, es wird ein Festredner nebst einem „Musik-

chor" (drei bis vier Mann) engagirt, ein Comité aus den fleißigsten Biertrinkern gebildet, eine große Zeitungsannonce erlassen und irgend Einem von der Presse freies Essen und Trinken versprochen, wofür ein Puff im editoriellen Theile der Zeitung gegeben wird, — — und das Fest ist gemacht.

Der Herr Bierwirth kommt dabei auch noch in den Ruf nationaler Gesinnung, denn selbstverständlich hält er sich im Hintergrunde und nur das Arrangements-Comité bittet womöglich noch um die Erlaubniß, daß man sich in dessen Räumen versammeln dürfe. Nicht selten erhält der Herr Bierwirth noch ein öffentliches Dankvotum für seine außerordentliche Uneigennützigkeit und für die vortreffliche Beschaffenheit seiner Küche und seines Kellers. So wird's gemacht; nämlich der Enthusiasmus — die Feste — das Geld!

Die größte Freude für den New-Yorker Bierwirth ist's, wenn ihn ein anderer Wirth besucht, denn dann wird „getreatet" oder „traktirt". Die zweitgrößte Freude für ihn ist, wenn er selbst ausgeht und einen anderen Wirth besucht, denn da wird wieder getreatet oder traktirt, aber diesmal von der umgekehrten Seite.

10.

Der Runner.

Der erste Mensch, dem ein Einwanderer früher auf amerikanischem Grund und Boden begegnete, war ein Runner; denn der Runner ging den Einwanderer-schiffen, wenn sie in den Hafen fuhren, viele Meilen weit entgegen. Er miethete zu diesem Zwecke ein eigenes kleines Schiffchen, nur um der Erste zu sein, der die lieben „Vettern und Landsleute" begrüßte. Und nicht selten zahlte er dem Kapitän eines Einwandererschiffes hundert bis hundertfünfzig Dollars, nur für das Recht, der Erste zu sein, der die Einwanderer zu ihrer Ankunft beglückwünschen, und sie einladen durfte, mit ihm in New-York in's Wirthshaus zu gehen. Nicht wahr, das heißt Aufopferung? S o l c h e Nächstenliebe kennt man in Deutschland nicht.

Leider, für den Runner wenigstens, sind ihm jetzt die Flügel ein wenig beschnitten; er bekommt die lieben Einwanderer erst aus z w e i t e r Hand. Die e r s t e Hand wird in Castle Garden an sie gelegt, wo jetzt jedes Einwandererschiff landen muß und wohin kein Runner bringen darf. Doch kaum sind sie heraus, die Herren Einwanderer, aus dem sicheren Port, wo die Eisenbahnbilletsverkäufer den Rahm von der Milch sich aneigneten; kaum sind sie aus dem Thore, so steht der Runner da, die abgenommene Milch giebt auch noch Käse!

Die unschuldigen Leute in Deutschland wissen freilich nicht, warum sich der Runner so viel Mühe um die Frischangekommenen giebt; sie können sich aber bald einen annähernden Begriff machen, wenn sie für ein paar Tage mit der Eisenbahn verreisen und in größeren Städten über Nacht bleiben. Wimmelt es da nicht von Leuten, die sich den Herren Reisenden aufdringen, der Eine um den Reisesack zu tragen, der Andere, um ihnen einen guten Gasthof zu verschaffen? Etwa Aehnliches ist der Runner in Amerika, nur in bedeutend verstärktem Maßstabe.

Der Runner hat seinen Namen vom Umherrennen, denn zum „Gehen" hat er keine Zeit. Einen Menschen, den man nicht wie die Kugel aus dem Rohre fortschießen kann, kann man nicht zum Runner gebrauchen.

Seinen Hauptaufenthaltsort hat er in den Landstädten an den Bahnhöfen und in den Seestädten an den Werften, wo die Dampfboote und andere Schiffe mit

Paſſagieren landen. Er ſieht's jedem Reiſenden auf den erſten Blick an, weß' Geiſtes Kind er iſt, und weiß ſich darnach zu richten. Seine Aufgabe iſt, dem Reiſenden zuerſt zu einem Gaſthofe und ſodann zu einem Billet auf die Eiſenbahn oder auf's Dampfboot zur Weiterreiſe zu verhelfen. Er hat es deßhalb beſonders auf L a n d l e u t e und L a n d s l e u t e abgeſehen, denn mit dieſen verſteht er es am kordialſten umzuſpringen. Der deutſche Runner macht ſich natürlich meiſt an Deutſche, und der iriſche oder amerikaniſche an Irländer, Engländer oder Amerikaner. Der Amerikaner kann dem Deutſchen bei d i e ſ e m Geſchäft nicht in's Handwerk greifen, wohl aber der Deutſche dem Amerikaner; denn der deutſche Runner muß engliſch ſprechen, wie Waſſer, wenn er ſeinem Geſchäft recht vorſtehen will.

In New-York hat der Runner ſein Hauptangenmerk auf die Einwanderer aus Europa und die Reiſenden, welche per Dampfſchiff nach Californien gehen, geworfen. Die übrigen Reiſenden tragen zu wenig ein. Denn was iſt's auch, wenn Einer für's Gepäcktragen und Wirthshausanweiſen ein paar Schillinge verdient? D a s kann doch einem New-Yorker Runner nichts helfen!

Der Runner für Einwanderer und beſonders für deutſche Einwanderer ſteht immer im Dienſte eines Wirthes. Für dieſen wirbt er, für dieſen ſteht er am Thore, das zum Caſtle Garden herausführt, für dieſen ſcheut er nicht Kälte, nicht Wärme, für dieſen ſcheut er weder Händel noch Schläge. Er weiß wohl warum; er bekommt ſeinen halben Thaler für jeden Kopf, den er dem Wirthe abliefert und oft noch mehr. Und da geht's nicht Paarweiſe, ſondern es geht Dutzend= und oft Hundertweiſe, und Ein Schiff mit Einwanderern trägt einem Runner oft ſeine hundert und mehr Thaler ein. — Es koſtet ihn aber auch Mühe, die Einwanderer zu bekommen, und er läßt ſich's noch nebenbei was koſten. Er hält ſeine Korreſpondenten in Havre, in Rotterdam, in Liverpool, in Bremen, in Hamburg. Der muß ihm melden, nicht blos, welche Auswandererſchiffe abgegangen ſind, denn das kann man auch ſonſt erfahren, ſondern w e r auf dem Schiffe iſt, was für Landsleute, von welcher Gegend, von welchem Gau Deutſchland's. Iſt nur Ein Landsmann darunter, nur Ein Württemberger, Badenſer, Bayer oder wo der Runner ſonſt her iſt; ja kennt er nur E i n e n N a m e n unter all' den Deutſchen auf dem Schiffe, ſo hat er gewonnenes Spiel. Friſchweg tritt er vor und ruft unter die Leute hinein nach ſeinem Landsmann: er ruft ihn beim Namen, beim Tauf= und Familiennamen, und nun — was für eine Freude, wenn der Friſchangekommene ſieht, daß er g e k a n n t iſt! Welches Glück, in dem fernen, fremden Lande einen Landsmann gefunden zu haben! Mit d e m muß er doch gehen, auf d e n kann er ſich doch verlaſſen! Und wo der E i n e Einwanderer hingeht, dahin gehen zugleich ein ganzes Dutzend, ein ganzes Hundert. Hurrah für den Landsmann! Und glaubſt Du, es ſei ſo ſchwer, einen Landsmann auf einem Schiffe aufzutreiben? Der Runner verſteht ja verſchiedene deutſche Dialekte und kann ſich gerade ſo gut für einen Heſſen als für einen Schwaben ausgeben. Er kennt ſich ja aus in Deutſchland, und iſt da als Handwerksburſche in weiß Gott wie viel Herrſchaften und Fürſtenthümern herumgekommen. Er weiß mehr von den einzelnen Ortſchaften und den Leuten drin, als der Einwanderer ſelbſt. — Und hat nun der Runner einen Schock Einwanderer bekommen, hat er ſie im Schlepptau, iſt e r etwa der Mann, ſie ſich wieder abjagen zu laſſen? Lieber läßt er ſein Leben! Verſuch' es einmal und rede den Leuten zu, n i c h t mit dem Runner zu gehen. Ei, wie ſchnell hat Dich ſeine Fauſt niedergeſchlagen! Hiebe ſind das letzte, was der Runner ſcheut. Ja, wenn Einer der Einwanderer selbst sich wieder von ihm losschälen wollte, und sich vielleicht anders besonnen hätte, er mag sich in Acht nehmen, auch e r fühlt die Faust des Runners und m i t m u ß e r, — er mag wollen oder nicht.

Früher trug das Geschäft mehr ein als jetzt, denn man konnte Einwanderer nicht blos an die Wirthe verkaufen, sondern —die E i s e n b a h n e n zahlten auch per Kopf einen und mehr Dollars, je nachdem die Reise weiter oder näher ging. Jetzt aber — der leidige Castle Garden nimmt allen ehrlichen Verdienst weg! Das Einzige, was man noch thun kann, sind die Californiatickets, aber auch hier hat die Pacific-Eisenbahn das Geschäft verdorben, und dieser Artikel ist zumeist in den Händen der Irischen oder.Amerikaner. Aber wie beuten ihn diese aus! — Wie der deutsche Runner es schon in der Luft wittert, wenn ein Einwandererschiff den Strom heraufführt, so r i e c h t der englische Runner einen Landmann, der nach Californien reisen will, und e r ist's, der dem Arglosen das Billet verschafft und natürlich um zehn oder zwanzig Dollars zu theuer. Der ehrliche amerikanische Landmann wird von seinem Landsmann gerade so gut betrogen, wie der Deutsche von dem Seinen. Das ist doch ein Trost für die Betrogenen!

Der Runnerstand war früher ein sehr verbreiteter und hatte sein Hauptquartier in der Greenwichstreet. Es gab Parteien unter den Runnern, ganz wie unter den Politikern. Die Eine Partei warb für d i e s e s Beförderungsbureau, d. h. für diese Eisenbahn, und die andere Partei für jene. An Erbitterung fehlte es nicht, wenn eine Partei bessere Geschäfte machte als die andere, und von der Erbitterung kam's zu Schlägen und von Schlägen zu Straßenkämpfen, und nicht selten wurde im Kampfe ein Haus halb demolirt oder trug man ein paar halb oder ganz Todte weg. Das hat aufgehört, und die Runner haben sich vielfach in's Land zurückgezogen. An den Bahnhöfen im Westen, in Chicago, in St. Paul, oder wie sie sonst heißen, werden jetzt bessere Geschäfte in „Einwanderern" gemacht, als in New-York. Die Einwanderer gehen ja alle in den Westen!

Ein Nebengeschäft des Runners ist die Mädchenrunnerei. Er gabelt eine hübsche Eingewanderte auf, die kein Geld mehr hat, aber Neigung zum Geldausgeben; er verspricht ihr einen prächtigen Dienst, einen Dienst, wo sie fast gar nichts zu thun hat und doch Geld in Hülle und Fülle bekommt. Er führt sie auch in einen solchen „Dienst" und läßt sich von der „Madame" fünf Dollars für's „Zuführen" bezahlen. Was mit derjenigen geschieht, die ihm arglos gefolgt ist, kümmert ihn nicht, er hat seinen Verdienst und es ist sein Geschäft.

Der Runner ist meist ein gebildeter Mensch, jedenfalls ein Mann, der schon viel gereist ist und die Welt und die Menschen kennt. Vom Arbeiten, von einem soliden Handwerk ist er jedoch ein abgesagter Feind. Er rennt sich die Seele aus dem Leibe, wenn's was für i h n zu thun giebt; wenn aber kein Schiff in Aussicht steht, so lungert er in den Wirthshäusern herum, spielt Karten und trinkt dazu. Seinen Aufenthaltsort hat er natürlich bei dem Wirthe, für den er arbeitet und — hier vergißt er stets das Zahlen für Essen und Trinken. Im Winter, wo die Runnerei am Nagel hängt, weil wenig Schiffe hereinkommen, pflegt er der Faullenzerei systematisch und selten wird's ein Mensch in der Kunst: „Nichts zu thun, ohne Langeweile zu bekommen," weiter gebracht haben. Die andere Kunst: „gut zu leben, ohne Geld auszugeben, weil er keins hat," versteht er auch aus dem Fundamente.

11.

Der Schneider in Amerika.

Der Schneider ist der glücklichste Mensch in ganz Amerika.

Das Erste, was er thut, wenn er ankömmt, ist, daß er heirathet, selbstverständlich, wenn er unverheirathet herüberkommt; das Zweite, daß er nach Geschäft sieht.
Ein ordentlicher Schneidergeselle ist nie ohne „Schatz," auch hie und da „Feins-
liebchen" genannt, — aber draußen, in Deutschland nämlich, verging's ihm, das
Heirathen! Da mußte er die Woche durch, wenn's hoch kam, für zwei preußische
Thaler arbeiten, natürlich bei freier Kost und Antheil an einem Dachkämmerlein, —
und w i e mußte er arbeiten? Von Morgens früh bis Abends spät. Daher kam's
auch, daß seine Sitztheile so dick und seine Arme so dünn wurden. — Wie konnte er
aber'bei der Einnahme heirathen? Und — wenn er's riskirt hätte, hätte man's
ihn riskiren lassen? — Draußen hat der Pfarrer und der Schultheiß und der
Gemeinderath auch was d'rein zu reden, und der Gemeinde ist's gar nicht einerlei,
wenn Bettelkinder auf die Welt gesetzt werden! —
In Amerika ist das ganz anders. Sobald der Schneidergeselle an's Land tritt,
wird er von selbst Meister. Er geht sofort zu einem Kleiderhändler und deren giebt's
Legion, producirt sich als Schneider, und frägt, wie viel der Herr Kleiderhändler
für's Hosen- und Rockmachen zahle. Der Kleiderhändler sagt, was er bezahlt und
giebt dem „Meister" alsbald ein Dutzend Röcke zu „machen" mit. Sind die Röcke
fertig, so bringt sie der Schneider in den Kleiderstore zurück, zieht den ausgemachten
Lohn ein und läßt sich ein Dutzend neue Röcke geben, die er nach acht Tagen abermals fertig bringt. — So geht's Jahr aus, Jahr ein!
Und wie leicht geht das Arbeiten! Da ist kein Aufenthalt mit Messen und Zu-
schneiden, kein Aufenthalt mit Futter und Knöpfe einkaufen. Der Schneider bekommt Alles fertig zugeschnitten; er bekommt so viel Dutzend Futter, Knöpfe, Faden, als er gebraucht, nicht mehr, nicht weniger. — Freilich giebt's auch keinen
„Abfall". Er kann in Amerika dem Kappenmacher nicht so und so viel jährlich
„abgeben"; er kann sich von einer Kundenhose nicht eine Weste herausschneiden und
von einem Kundenrock langt's auch kein Jäcklein für seinen Buben. Aber — alle
Vortheile kann Ein Land nicht haben, und bis er draußen Einen Rock fertig brachte,
ist hier der Vierte schon abgebügelt.
Der liebste Tag ist dem Schneider der Sonntag Mittag. Morgens wird noch
streng gearbeitet, denn die Röcke, die er am Montag abzuliefern hat, müssen heute
schon fix und fertig sein. Aber — Mittags geht's los. Er selbst ist nagelneu und
flott genug ausstaffirt, aber sein Weibchen, — wie sieht d i e erst aus? Na, wer
d i e. draußen gesehen hat, als sie noch bei Sekretärs So und So diente, und wer
die j e t z t sieht! Ein Rosahut mit Blumen, eine schwarzseidene Mantille, ein
Tibetkleid mit drei Garnirungen, Sammtstiefelchen, Glaçéhandschuhe, gestickes
Schnupftuch, — na, was sagst du d a z u? Und sie ist erst nicht zufrieden damit,
ob's gleich für den Anfang schon recht ist; — zwei seidene Kleider müssen her, ein
farbiges und ein schwarzes, ebenso ein feiner Shawl.
Aber sie verdient's auch, das liebe Weibchen, denn von Morgens früh an ist sie
auf den Beinen. Jetzt sitzt sie neben ihrem Mann und hilft ihm nähen und Knopf-
löcher machen; darauf steht sie am Kochofen und macht im Flug das Mittagessen
fertig. Und dazu singt sie und lacht sie und pappelt sie den lieben, langen Tag,

wie wenn unser Herrgott den Sonnenschein nur für sie geschaffen hätte! — Ohne sein Weibchen ist der Schneider nur ein halber Mensch; er würde kaum zwei Drittheile fertig bringen.

Hat der Schneider am Sonntag mit seinem Weibchen einen Ausflug in's Land gemacht, oder in einem Concertsalon bei „sacred" Musik, Lagerbier getrunken — sie trinkt Punsch, — so ist dagegen der Montag sein Eigenthum. Die „fertigen" Röcke oder Hosen oder Westen werden fein zierlich zusammengefaltet und aufeinander gelegt; der Schneider macht sich selbst fertig und — an diesem Tage weiß die Frau schon, daß sie mit dem Mittagessen auf ihren Mann nicht zu warten hat. — Zuerst wird die fertige Waare abgeliefert, dann wird das Geld eincassirt, dann wird die neu übernommene Waare in einen Bündel gepackt und nun geht's in's Wirthshaus. Ein Paar Kameraden sind schon da; man setzt sich zur „Kreuzmariage" oder zum „Gaigel" oder zum „Napoleon", offenbar das Geistreichste unter allen diesen Spielen, wenn's auch Napoleon selbst nicht erfunden hat. An diesem Tage geht's ohne einen starken „Dusel" nicht ab. Die Frau zu Hause weiß es aber schon und grämt sich deshalb nicht zu Tode; im Gegentheil, gegen Abend nimmt sie den Weg unter die Beine und sucht ihre Ehehälfte im Lagerbiersalon auf und führt ihn friedlich nach Hause. — Den andern Tag wird wieder d'rauf los genäht und d'rauf los gestochen, als ob's gar keinen Katzenjammer in der Welt gäbe!

So geht's von Woche zu Woche, von Monat zu Monat, von Jahr zu Jahr.

Hie und da läßt er sich dazu verleiten, ein „Kundengeschäft" anzufangen, und Röcke und Hosen auf Bestellung und nach dem Maße zu machen, gerade wie's in Deutschland Sitte und Gebrauch ist; aber es will nicht recht gehen, — man muß zu viel in den Wirthshäusern herumlaufen, um Kunden zu bekommen, und — hie und da passirt's Einem auch, daß eine Rechnung unbezahlt bleibt, gerade wie in Deutschland. Früh oder spät kehrt daher der Schneider immer wieder zu seinem früheren Geschäft zurück und wird „Shoparbeiter", d. h. näht zugeschnittene Kleider fertig.

Im Alter, wenn's mit der Arbeit nicht mehr so flink geht, wenn die Augen etwas nachlassen, wird er Flickschneider. Er miethet sich ein kleines Lädchen, besonders gern in der Nähe eines Hotels, und — an Arbeit fehlt's ihm nie, so lange noch Knöpfe abspringen und Hosen zerreißen. Die Frau aber ist auch da nicht unthätig und verdient so viel, wie er; denn sie bringt die „Flecken" heraus und stellt Rock und Hosen wieder wie neu her.

Sein größter Feind war bisher die Nähmaschine; in neuester Zeit aber hat er sich wieder etwas mit ihr ausgesöhnt. Ja, wenn er übrige hundert Thaler zusammengenäht hat, ist er im Stande und kauft sich eine solche und verdient dann in der Woche statt sieben oder acht Dollars, seine zwölf oder vierzehn.

Irische oder amerikanische Schneider giebt's sehr wenige, fast die ganze Schneiderzunft ist deutsch.

12.

Das Basement „mit freundlicher Bedienung."

Das Basement mit „freundlicher Bedienung" ist eine rein deutsche Erfindung, aber nur auf amerikanische Städte anwendbar.

Es ist dies eine Kellerwirthschaft, wo Mädchen gehalten werden; dem Wirthe ist die Wirthschaft die Hauptsache, — den Gästen die Mädchen.

Ein Basement mit „freundlicher Bedienung“ ist schon von weitem kennbar; nicht etwa wegen des hervorragenden Schildes oder sonstiger Ausgezeichnetheiten halber; nein einfach wegen der rothen und weißen Vorhänge. Manchmal sind sie auch blau und weiß und hie und da gelb und weiß. An diesen Vorhängen, die in der niederen Kellerthür angebracht sind und die in der Mitte durch einen Zug in dichte Falten zusammengezogen werden, — erkennst du, weß' Geisteskind die Kneipe ist, und du gehst nie fehl, wenn du diesen Vorhängen nachgehst. Zum Ueberfluß steht noch hie und da eine hübsche Inschrift über dem Eingang zu lesen, als z. B. „Zum stillen Vergnügen“, oder „Zur Stadt Bremen“, oder „Zum Venustempel“, oder „Zum Hamburger Berg“, oder was sonst der „zarten“ Andeutungen mehr sind. Wenn du d i e s deutsch nicht verstehst, — dann ist Hopfen und Malz an dir verloren!

Die „häusliche“ Einrichtung ist sehr einfach. Ein Schenktisch mit den nöthigen Schnapsflaschen dahinter; einige Tische und Stühle und ein leidliches Sopha zum „Poussiren“ und „Charmuzzlren“, wie hie und da die Präliminarien der „Basementliebe“ genannt werden. Diese Mobilien nehmen den vorderen Raum des Kellers ein. Der hintere Raum ist durch Bretterverschläge in verschiedene kleine Abtheilungen abgetrennt und jeder dieser Verschläge enthält ein sehr einfaches Mobiliar, der Raum ist zwar für den Aufenthalt von zwei Personen sehr beschränkt, aber „Raum ist in der kleinsten Hütte für ein glücklich liebend Paar.“

Der Basementwirth ist meist ein Deutscher und unter diesen wieder meist ein Bremer oder Hamburger oder Hannoveraner. Die ursprüngliche Heimath der Frau Wirthin ist schwerer anzugeben, denn sie liebt es, sich englisch auszudrücken. Man soll ihr ansehen, daß sie schon lange im Land ist. Und sie ist es auch, lange genug, um alles Schamgefühl im Meere der Vergessenheit begraben zu haben! Der Wirth ist selten zu Hause. Er macht ja Geld und muß sich deßhalb mit schwerer goldener Kette unter dem Publikum zeigen! Dagegen ist der Barkeeper da, d. h. der Kellner, der in einem Basement mit freundlicher Bedienung zugleich die Funktion hat, die allzuunruhigen Gäste die Treppe hinaufzuexpediren. Es wird deshalb bei seinem Engagement weniger auf ein gewandtes, höfliches Benehmen, als auf starke Fäuste gesehen. Am liebsten hat man ihn, wenn er zugleich etwas Klavier „schlagen“ kann, denn dann ist der Klavierspieler schon erspart und ein Fortepiano darf doch in einem Basement mit freundlicher Bedienung nicht fehlen!

Aber wo bleibt denn die „freundliche“ Bedienung? Im Wirthe steckt sie nicht, denn der ist erstens selten oder nie da, und wenn er da ist, so ist er so grob wie Bohnenstroh. In der Wirthin steckt sie auch nicht, denn d i e hat das Maul auf dem rechten Fleck, und ihre Zunge ist so schneidig, wie das Schwert Petri; im Barkeeper steckt sie am allerwenigsten, denn d e r spricht gar Nichts, sondern schlägt bloß zu, auf's Piano wie auf die Menschen. Die „freundliche Bedienung“ steckt ganz wo anders, — sie steckt in den Dirnen, die allda gehalten werden.

Es sind ihrer zwei bis zwölf, je nach der Zahl der „Verschläge.“ Die Eine ist blond und korpulent, ihre Heimath ist das Schwabenland; die Andere braun und schwarzäugig und ihre Heimath ist das Elsaß; die Dritte verräth ihr Dialekt als Frankfurterin und die Vierte nennt Sachsen ihre Geburtsstätte; sie kommen hier zusammen aus aller Herren Länder.

Die Basementdirne ist zwischen achtzehn und dreißig. Sie trägt ein tiefausge-

schnittenes Kleid, eine Zote im Munde und zehn Ringe an den Fingern. Sie ist
vielleicht schon lange im Lande und ernährte sich früher von der Nadel oder vom
Dienen oder auf sonst eine ehrliche Weise; aber das Dienen und das Nähen wurde
ihr zu beschwerlich und — es läßt sich ja so bequem leben in einem Basement.
„Der Herr giebt's den Seinen im Schlafe," steht geschrieben. — Vielleicht ist sie
auch erst vor einigen Wochen angekommen, und war im alten Vaterlande gar streng
und unter der Zuchtruthe gehalten; aber sie machte ihre Vorstudien auf dem Schiffe
im Zwischendecke; so kostete es dem Freund Makler nur wenig Ueberredung, sie zu
der „freundlichen" Herrin in's liebliche Basement zu bringen, in einen vortrefflichen
D i e n st, wie er ihr sagte! Und was es für ein Dienst war, den man von ihr ver-
langte, das erfuhr sie schon am ersten Abend und — blieb dennoch! Vielleicht
sträubte sie sich auch ein wenig, vielleicht auch viel und suchte zu entfliehen, aber die
Wirthin hatte ihr das Gasthütchen bereits abgezogen und ihre Kleider eingeschlossen
und — wo sollte sie Hülfe und Recht finden in der großen, wildfremden Stadt, wo
Alles eine andere Sprache spricht, als sie versteht? Einmal in der Klaue der Basementwirthin, ist sie verloren, und Einmal verloren, — was liegt am zweiten und
dritten Male?
Die Basementdirne ist eine besondere Freundin vom Trinken. Sie kommt dazu, sie weiß nicht wie; denn jeder Gast, der hereinkommt, muß doch zu einem
„Treat," d. h. dazu angehalten werden, ihr einen Trunk zu bezahlen! Das ist ja
eine ihrer Hauptfunktionen, den Gast zum Treaten zu nöthigen. Je mehr getrunken wird, um so mehr geht Geld ein. — Im Anfang trinkt sie Bier oder Sodawasser,
aber bald wird ihr das Bier zu schaal und das Wasser zu naß, und sie hält sich an
den „Brandy," an den Schnaps. Der erfrischt die Lebensgeister, und wenn manchmal eine alte Erinnerung wach werden wollte, wenn das Ding, das man Gewissen
nennt, sich dummerweise regen sollte, — ein großes Glas Brandy, und die Thräne,
die gerade im Begriff war, sich in's Auge zu stehlen, verwandelt sich in ein grelles
Lachen, und — hellauf geht's wieder an's Poussiren des gerade neu eingetretenen
Gastes!
Es ist ein grundehrliches Wirthshaus, dieses Basement „mit freundlicher Bedienung". Steht ja doch oben angeschrieben „Lagerbiersalon!" Und wer könnte vom
baierischen Biere Schlimmes erwarten? Freilich kommen hie und da kleine Ab-
wechslungen vor, wie z. B. daß Einer hinausgeworfen wird, ohne daß man ihm die
vorher abgenommene Börse nachwirft, oder daß ein Anderer, der die Nacht da zubrachte, am Morgen weder Uhr noch Kette finden konnte. Solche und ähnliche
Kleinigkeiten mögen vorkommen, allein die Schuld liegt nicht an der Basementdirne, denn wenn so ein Gerupfter je so dumm ist und seine Schande zu Markte trägt
und die Polizei herbeiruft, so wird weder Uhr noch Kette noch Geldbeutel in i h r e m
Besitz gefunden, und — der Barkeeper nebst einigen anderen Freunden des Hauses
sind gleich bereit zu schwören, daß der Fremde weder Uhr noch Geld mit herunter
gebracht hat, und Letzterer darf froh sein, wenn die „fälschlich Angeklagte" ihn ohne
weitere Opfer entläßt.
Das Basement mit freundlicher Bedienung öffnet sich selten Morgens vor zehn
Uhr und den ganzen Tag über finden sich nur wenig Besuche ein. Der Wirth ist
aus, die Wirthin schläft hinter dem Schenktisch und der Baarkeeper spielt mit einem
Kollegen Karten. Erst gegen Abend spürt man, daß „Leben" da unten ist. Die
Dirnen schminken die vergilbten Wangen, waschen die erschlafften Glieder und

werfen sich in Putz. Nachts zehn Uhr fängt es an, lustig zuzugehen, denn der Hauptbesuch findet sich dann ein, wenn die andern Wirthschaften zuschließen. Am lebhaftesten geht's da zu, wo die Matrosen verkehren. Die übrigen Besucher sind verlorene Ehemänner und Betrunkene. Die Letzteren bilden bei weitem die Hauptklasse. Und wie freigebig sind sie in ihrer Betrunkenheit! Und wie wissen die Dirnen es zu nützen! Hie und da verliert sich auch ein „Verliebter" herunter und wie schneidet es ihm in's Herz, wenn er seine Auserkorene, für die er vielleicht seinen Prinzipal bestohlen oder seines Vaters Wechsel vergeudet, auf dem Schooße eines lallenden Hohepriesters des Teufels findet!

Die Basementdirne bleibt nie lange an Einem Platze. Sie wird bald zu bekannt da und muß deshalb changiren. Doch die Stadt ist ja groß und der Basementer giebt's die Hülle und Fülle! Auch der Städte giebt's nicht wenige, wo Basementer mit freundlicher Bedienung zu Hause sind! Besonders gewandt ist sie im Changiren, wenn die Polizei auf sie fahndet, weil sie vielleicht das Mein und Dein gar zu auffällig verwechselte.

Im Uebrigen steht die Polizei zu den Basementern „mit freundlicher Bedienung" auf besonders freundschaftlichem Fuße. Nicht etwa deswegen, weil das Treiben in einem solchen Basementer gesetzlich erlaubt wäre — es ist im Gegentheil gesetzlich streng verboten, — auch nicht deswegen, weil die Reize der Inwohnerinnen eine besondere Allgewalt über sie ansüben, — nein, einfach deswegen, weil der Wirth weiß, daß die Besoldung der Polizei stets einer kleinen Aufbesserung fähig ist. Auch das Trinken schmeckt den Herren Polizeidienern sehr gut, besonders im Sommer, wenn's sehr heiß und im Winter, wenn's sehr kalt ist, und wie könnte der Wirth eines Basements mit freundlicher Bedienung je so frech sein, von einem Manne des Gesetzes eine Bezahlung anzunehmen? — Auf diese Art treibt der Wirth sein Handwerk unbelästigt und ungestört, denn die Nachbarschaft stört ihn nicht, weil sein nächster Nachbar auch ein Basement hält oder sonst 'was ähnliches „Ehrbares"!

Die Basementdirne bleibt Dirne, so lange sie kann. Ist sie vor dem dreißigsten Jahre noch nicht im Spital gestorben, so wird sie nach dem dreißigsten: Straßendirne und dann darf sie sicher darauf zählen, in wenigen Jahren nach Pottersfield oder sonst einem „Armenkirchhof" zu wandern. — Die Basementwirthin wird vor der Zeit grau und aschfarbig; der Basementwirth aber läßt sich Nichts anfechten, er ißt und trinkt, wird dick und fett und ärgert sich über nichts, als darüber, daß andere Leute nicht an Einem Tische mit ihm sitzen wollen. Mit der Zeit kauft er sich ein Landgut, hält sich ein Reitpferd und bezahlt einige Leute als Gesellschafter, damit er doch Jemanden hat, der mit ihm trinkt.

13.

Ein amerikanischer Sonntag.

Gottes Sonne scheint überall lieblich auf dem ganzen runden Balle, auf dem wir wohnen; die Menschen aber setzen Jalousieläden vor ihre Strahlen, damit ihre Wärme nicht in die Herzen dringe. Hätte Gott die Berge und die Bäume, die Flüsse und die Thäler, das Licht und die Blumen, den Abend und den Morgen, den Rebstock und die Gerste erschaffen, wenn er ein Jammerthal aus der Erde schaffen wollte? Die aber, welche den Menschen zu Gott leiten, welche ihm das Verständniß des großen, allgütigen Schöpfers und Meisters eröffnen sollen, die Menschen lehren, daß die Erde nur ein Zuchthaus und das Leben dahier die Strafzeit sei, die dem Menschen zugemessen, ehe er die himmlische Seligkeit erringe! Die Vögel in der Luft, die Thiere im Walde, die Fische im Wasser, sie singen und springen und sonnen sich; sie alle erfreuen sich ihres Daseins; — — die Menschen allein sollen Buße thun in Sack und Asche, weil Gott sie geboren werden ließ!

So lehrt nicht die Natur, so nicht die Bibel; aber, die das Lob Gottes verkündigen sollten, die lehren so und die sind es auch, die den „amerikanischen Sonntag" erfunden haben. Und was für eine Erfindung ist's!

Wenn Kirchen der Ausdruck der Frömmigkeit eines Volkes sind, so ist das amerikanische das frömmste in der ganzen Welt. Es giebt allda keine Staatsreligion; aller und jeder Glaube ist gestattet; der Jude, der Heide, der Mohammedaner, der Katholik, der Reformirte, der Protestant, der Unitarier, der Mennonit, der Mormone, der Quäker, — Alle genießen sie gleiche Rechte und können ihren Gott auf ihre Weise verehren. Nirgends aber in der ganzen weiten Welt frägt man mehr danach, ob Einer einer Kongregation angehöre und welcher; nirgends in der ganzen Welt geschieht mehr für die Bekehrung der Heiden; nirgends werden mehr Bibeln vertheilt; nirgends wird mehr Geld gesammelt für Mission und Religion! Kirchen aber und Bethäuser, — deren sind Legion, und nirgends in der ganzen Welt sieht man mehr darauf, daß die Bethäuser und Kirchen besucht werden, als in diesem Lande der Duldung und Toleranz!

Wenn der Amerikaner am Sonntag aufsteht, so ist es sein Erstes, daß er nach dem Wetter sieht: ob er trockenen Fußes in die Kirche gehen könne. Aber es mag regnen oder schneien, Nichts hält ihn ab, sein Bethaus zu besuchen. Er hat vielleicht die ganze Woche auf Nichts gesonnen, als wie er seine Nebenmenschen übervortheile, — er ist vielleicht auf Wegen gegangen, die der Ungläubigste mit Abscheu meidet; — Sonntags nimmt er sein Gebetbuch unter den Arm und wandert zur Kirche; und wie er, so die Frau, so die Kinder. — Wo sonst auf Erden trifft man solche Frömmigkeit? Aber — geh' einmal hinein in die Kirche und betrachte Dir diese Frommen. Sieh' die Mädchen an in ihrem Putz- und Flitterstaat, wie sie seitwärts schielen nach den jungen Herren dort drüben; siehst Du das heimliche Nicken, das Blinzeln mit den Augen, das Fingeraufheben und Zeichengeben? Sieh' die Frauen an in ihrer Hoffahrt und ihrem Staat, sieh', wie sie mit ihren Nachbarinnen flüstern, wie sie den Mund schief ziehen und die Nase rümpfen, weil jene Frau dort auf der Seite noch reicher gekleidet ist, als sie? Sieh' die Männer, wie steif sie dasitzen und den Finger an der Nase haben und grübeln und spekuliren, welchen schwindlerischen Coup sie am Montag loslassen wollen? — Und können sie sich mit 'was Anderem beschäftigen? Hör' doch auf den Prediger, von was spricht er? Etwa von der Süßigkeit des himmlischen Manna? Nein, von dem irdischen Manna, von der Knauserigkeit und Zähigkeit seiner verehrten Zuhörer und Kirchenmitglieder, die in Hülle und Fülle leben und ihn, den Seelsorger, wenn nicht darben lassen, doch wenigstens nicht so bezahlen, wie er es zu verdienen glaubt. Unter zehn Mal ist neun Mal dies das Thema seiner Predigt. Merkst Du nun, wo das Ding hinausläuft? In Amerika baut der Staat oder die Regierung weder eine Kirche, noch besoldet sie einen Pfarrer. Die Kongregationen bauen die Kirchen und die Gemeinden bezahlen den Pfarrer. Wie nun, wenn die Gemeinde saumselig wird im Kirchenbesuch? Es ist dem Pfarrer nicht um Zuhörer zu thun, sondern um Besucher; denn der Gang in die Kirche kostet Entrée, so gut als in's Theater, außer Du hättest Dir um theures Geld einen eigenen Kirchenstuhl gekauft und — dieses Geld gehört wiederum dem Geistlichen. — Die Pfarrer in Amerika müssen sich ihrer Haut wehren, wie jeder andere Geschäftsmann; — sie müssen der Konkurrenz begegnen und Kundschaft gewinnen, wie jeder Kaufmann, und ihre eigene Schuld ist's, wenn ihr Einkommen sich nicht steigert. Siehst Du nun, warum Himmel und Hölle in Bewegung gesetzt werden, um die Leute zum Kirchenbesuch zu nöthigen? — Und er ist da, dieser Kirchenbesuch, wie nirgends sonst in der ganzen Welt; — er gehört zum guten Ton, er ist althergebrachte Sitte, und wehe dem, der sich gegen Sitte und guten Ton verfehlt; lieber eine kleine Fälschung begehen, als Sonntags die Kirche verfehlen!

Was sollten sie aber auch thun am heiligen Sonntag, die Herren Amerikaner, wenn sie die Kirchen nicht hätten? Die Langeweile müßte sie ja umbringen!

„Sechs Tage sollst Du arbeiten, und am siebenten sollst Du ruhen." Das haben vernünftige Menschen so verstanden, daß der Sonntag der Tag der Erholung für Körper und Geist sein solle. Die Amerikaner aber legen es so aus, daß der Sonntag mit der Ruhe des Grabes begangen werde. Und sie haben Gesetze gemacht, die diese Auslegung erzwingen sollen.

Am Sonntag fährt kein Bahnzug, die allernothwendigsten für Berufsreisende abgerechnet; — kein Omnibus geht, kein Dampfschiff, wenn es anders zu vermeiden ist. Die Kaufläden sind alle geschlossen und die Wirthshäuser dürfen bei hoher Strafe nicht offen haben. Grabesstille soll herrschen, so lautet das Gesetz, und an vielen Orten kannst Du nicht einmal Milch oder Brod, oder Cigarren kaufen, außer mit Umgehung des Gesetzes. Von einem Theater, von einer Kegelbahn, von lustigen Ausflügen, — Gott bewahre Dich vor solchen Träumen! Sei froh, daß es Dir erlaubt ist, im Winter Feuer in den Ofen zu machen und eine warme Suppe zu kochen; denn die Gesetze Connecticut's verboten sogar jeden Spaziergang, außer den in die Kirche, — sie verboten das Kochen am Sonntag, man sollte es den Tag vorher thun, ja sie verboten, daß der Mann seine Frau am Sonntag küßte!!! — Sie mochten halb verrückt sein, die Menschen, die solche Gesetze machten, aber die jetzigen Sonntagsgesetze, sind sie nicht noch verrückt genug? Gehe hin in eine Stadt der Neu-England-Staaten, nach Rhode Island, nach Massachusetts, nach Connecticut u. s. w., ja gehe in eine Stadt Pennsylvanien's und New-York's, gehe überall hin, außer nach Cincinnati und Saint-Louis, überall findest Du alle Belustigungsorte geschlossen, alle Wirthshäuser geschlossen, alle Theater geschlossen, alle Verbindungsmittel aufgehoben, alle Straßen leer, die ganze Stadt — Ein Grab! Und vollends auf dem Lande? Der Bauer reitet zehn Meilen weit in die Kirche, dann reitet er wieder nach Hause und schläft, — das ist seine Erholung.

Eine prächtige Erfindung, diese Sonntagsgesetze! Eine gar absonderliche Art, „dem Herrn zu dienen!" Das muß ein Genuß sein für die lustigen Engelein oben, wenn sie diese „Selbstgeißelung" der Menschenkinder unten mitansehen!

Da sitzt er nun, der fromme Amerikaner, in seinem „Parlor" und schaukelt sich im Sorgenstuhle und streckt die Füße über zwei Stuhllehnen hinaus und raucht

eine Cigarre nach der andern und ſpukt den Kautabak, daß einem ein Ekel davor an-
geht; er hat es weit gebracht in dieſem Spucken, denn er trifft mit dem Speichel
irgend einen beliebigen Punkt, wie ein guter Schütze ſein Ziel. Iſt dies nicht auch
eine hübſche Unterhaltung? Hie und da aber ſchleicht der Herr Sonntags-Mucker ſich
hinaus in das Nebenkabinet und nimmt einen guten Schluck aus der Brandyflaſche
und bis der Abend kommt, hat er genug, um ſich bei Zeiten zurückzuziehen. Und
die Frau? Die ſitzt dem Herrn Gemahle gegenüber und ſchaukelt ſich dito und hält
ihr Gebetbuch verkehrt in der Hand und nickt mit dem Kopfe, wie im Schlafe und
freut ſich des Abends, wenn der Hausfreund ſeine Erſcheinung macht. Die Töchter
aber? Nun, die rennen auch Mittags von einer Kirche zur andern, und beſonders die Abendkirchen lieben ſie und die Heimbegleitung durch ihre Beaus!

Das iſt ein a m e r i k a n i ſ c h e r Sonntag. Und nie, an keinem andern Tage, zu
keiner andern Stunde fühlt der Deutſche mehr, daß er ein Fremdling iſt im fremden
Lande, und ſtets ein Fremdling bleiben wird.

Der Irländer — er hat genug an ſeiner Schnapsflaſche. Die kann er ſich auch
Samstags füllen laſſen, und wenn's Noth thut, ſo führt ja der Apotheker (der natürlich Sonntags nicht ſchließen muß) auch Rum und Brandy; er iſt nur da ein
bischen theurer. — Der Deutſche aber mit ſeiner Liebe zu Muſik und Geſang, mit
ſeiner Freude an Gottes freier Natur, mit ſeinem Hang zur Geſelligkeit und Gemüthlichkeit, der Deutſche mit all' ſeiner Erinnerung an einen Sonntag in der alten
Heimath, — was hat er? — Ich will Dir ſagen, lieber Leſer, was Du haſt —
H e i m w e h h a ſ t D u ! — und Du brauchſt Dich deſſen nicht zu ſchämen, denn es
geht nichts über einen in Deutſchland verlebten gemüthlichen Sonntag, ohne Rück-
ſicht darauf, ob man in der Reſidenz oder in einer Mittelſtadt lebt. Der deutſche
Sonntag iſt ein Tag der Freude und der Erholung für den Bewohner des kleinen
Ackerſtädtchens wie für den Bauer auf dem platten Lande. Jeder amüſirt ſich nach
ſeiner Weiſe und ſammelt neuen Muth, neue Geiſtesfriſche für die künftige Woche.

Wann wird es in dieſer Beziehung in Amerika beſſer werden, wohl nicht früher,
bis die Geiſtlichen aufgehört haben werden „G e ſ c h ä f t s l e u t e" zu ſein, deren
Geſchäft am Sonntag blüht und den Schafen ihrer Heerde das Bischen Lebens-
freude mißgönnt, weil es den frommen Herren eher etwas ausbringt als einbringt.
Warum läßt ſich aber die Maſſe des Volkes als Schafe behandeln. Hier giebt es
etwas zu denken! Wer deſſen fähig iſt, thue es!

14.
Ein Junkſhop.

J u n k ſ h o p heißt auf deutſch eine T r ö d l e r b u b e; aber was iſt eine Tröd-
lerbube in Deutſchland gegen einen Junkſhop in New-York, oder New-Orleans,
oder Saint Louis, oder Baltimore, oder Philadelphia, oder ſonſt einer amerikani-
ſchen Handelsſtadt!

Der wahre und ächte Junkſhop liegt ſtets in einer engen Nebengaſſe. Die Gaſſe
darf aber nicht weit entfernt ſein von einer Hauptſtraße. Am beſten iſt's, der
Shop liegt mitten innen, im ſtädtiſchen Leben und Treiben, zwiſchen und zunächſt
den Pulsadern des Handels und Wandels; aber doch zugleich ſtill und verborgen
und verſteckt, damit der Fuß des Vorübergehenden ſich nicht an ihm ſtoße und das
Auge der Behörde ihn nicht erſchaue. Wäre es möglich, ſo würde der Junkſhopin-

haber eine Straße ſuchen, die ſelbſt Gott nicht erblicken könnte! — Je verrufener
der Platz, deſto beſſer; je mehr Geſindel darum herum, um ſo erfreulicher; je mehr
Geſtank und Koth, um ſo angenehmer! — Er ſoll nicht p r a n g e n, der Junkſhop;
im Gegentheil je weniger man ihn beachtet, um ſo lieber iſt es ſeinem Beſitzer.

Sonderbar! — welch' ein wunderbar ſimples und zugleich welch' ein wunderbar
ehrliches Ausſehen hat der Junkſhop! — Vorn am Eingang des verfallenen Stal-
les, der als „Laden" figurirt, hängen ſchwere eiſerne Ketten, verroſtet und zerbro-
chen zugleich; ringsherum liegen in buntem Wirrwarr Seile, Gelten, Pfannen,
Schlüſſel, Zuber, Schüſſeln, Keſſel, Taſſen, — Hausgeräthe aller Art, bald halb,
bald ganz erhalten; dann kommen Maſſen von zerbrochenem Zink und anderm
Material; Dinge, die rein undefinirbar ſind, und von denen kein Menſch ſagen
kann, wohin ſie gehören und weſſen Urſprungs ſie ſind. Was das Zeug Alles für
einen Zweck hatte und zu was es jetzt wieder dienen ſoll, das erräth kein ehrlich
deutſch Gemüth. — Genug, der Trödlerbude-Inhaber hat's gekauft und hat's bezahlt, und w i e und o b er's wieder an den Mann bringen kann, das iſt ſe i n e
Sache.

Doch Du bringſt weiter ein in's Innere. Wunderbar! Die alte Holzhütte, die
ausſah, als könnte ſie nicht fünf zählen und als wäre kaum Raum genug da, um
ſich nur darin umzudrehen, dehnt ſich immer weiter aus; ein finſterer Raum erſcheint nach dem andern; hier führt eine Thür in ein altes Loch, das ſich bei
näherer Betrachtung als ein großes heimliches Gemach herausſtellt, worin zwar
kein menſchliches Weſen wohnen, wo aber manch' verborgener Schatz Platz finden
kann; — dort führt eine andere Thür aufwärts, und Du glaubſt in den Tauben-
ſchlag zu kommen, und gelangſt in ein Hintergebäude, vielleicht nicht weniger verfallen, als das vordere, aber — Platz iſt da, Platz für die Waaren von mehr als
Einem Großhandlungshauſe. Und ſonderbar, die alten Ketten, die verlöcherten
Pfannen, die zerriſſenen Keſſel, das alte Gerümpel zumal hat Abſchied genommen,
und Du findeſt Fäſſer an Fäſſer, und Gewinde an Gewinde, und feſt zugeſchnürte
Päcke an feſt zugeſchnürten Päcken! Und noch ſonderbarer: die Fäſſer ſehen gerade
aus, wie Schmalz-, oder Butter-, oder Eier-, oder Zuckerfäſſer, und die Gewinde
ſcheinen Schinken oder geräucherte Rindsviertel oder Ochſenzungen, oder Aehnliches
zu enthalten, und in den feſtgeſchnürten Ballen, du wetteſt darauf, ſtecken Tuch-
oder Seidenwaaren, oder Leinwand am Stücke oder noch koſtbarere Stoffe! Da-
zwiſchenhinein fallen Dir Schubladen in die Augen, in denen es gerade ausſieht,
als lägen ſilberne Löffel darin, vielleicht nicht gerade neue, direkt vom Silberarbei-
ter bezogen, ſondern ſchon etwas verbrauchte, vielleicht auch gezeichnete, wie's in
reichen Privathäuſern und Gaſthöfen Sitte iſt. Auch andere dergleichen Artikel
meinſt Du in dieſen Schubladen zu erblicken, ſei's von Gold oder von Silber, oder
einem minder werthvollen Material. — Sonderbar, all' dieſe Gegenſtände erſchei-
nen Dir um hundert oder gar tauſend Procent werthvoller und verkäuflicher, als
die alten eiſernen Schlempen im Laden vorne! Der Junkſhopinhaber muß wahrhaftig ein ganz närriſcher Kauz ſein, daß er das Schlechte, Zerbrochene, Unver-
käufliche, Werthloſe zur Schau ausſtellt, und das Koſtbare, Geſuchte verſteckt und
verbirgt! Wunderbar!

Und doch nicht ſo gar wunderbar! Der Junkſhop-Inhaber weiß wohl, warum
er die eiſernen Ketten vorn aushängt und das Silbergeräthe hinten vergräbt; er

weiß auch gar gut, wo h i n mit seinen „inneren" Waaren, auch ohne daß er sie zur Schau ausstellt, gerade so gut, als er weiß, wo h e r er seine Waaren bezieht.

In dunkler Nacht schleichen sie heran, die Herren Verkäufer. Der Eine hat den Schnappsack auf dem Rücken, der Andere hält Alles in den Taschen verborgen; der Dritte trägt s e i n e Waaren auf dem bloßen Leibe, und muß sich bis auf's Hemde auskleiden, um sie los zu werden; der Vierte fährt still und leise mit einem Wägelchen heran, und rasselt wie rasend davon, wenn er die Fässer und Kisten abgeladen und aus dem engen Gäßchen heraus ist. Das sind die Herren Bettler und „Umgottesbarmherzigkeitwillenflehenden", die sich in die Häuser schleichen und mitlaufen lassen, was ihnen möglich; — das sind die Herren Straßenlungerer, auf amerikanisch „Loafer" genannt, die nehmen, wo's was zu nehmen, und stehlen, — wo's was zu stehlen giebt; — das sind die Diebe und Einbrecher, und der kühnere Geselle, der Flußpirat, der sich auch nicht scheut, seinen Raub mit dem Revolver zu vertheidigen. — Und ebenfalls in dunkler Nacht schleichen sie heran, die Herren Käufer, tief eingewickelt in ihre Kaputzen und leise auftretend, als gingen sie auf Eiern. Sie suchen sich aus, was sie wünschen; bei Blendlaternenschein; ein anderes Licht könnte auffallen; und wenn sie's ausgesucht, so feilschen sie lange, denn ob sie gleich Alles zum halben Preise und oft unter diesem bekommen, so möchten sie's doch n o ch wohlfeiler haben. Auch sie schaffen die Waare auf dieselbe Art fort, wie sie gekommen ist: auf dem bloßen Leibe, in den Taschen verborgen, im Mantelsacke oder auch auf einem Wägelchen, aber letzteres nur in einer Nacht, wo weder Mond noch Sterne leuchten, und wo der Nebel so dick ist, daß man ihn kaum mit dem Rasirmesser schneiden kann. —

Man sollte es nicht für möglich halten, den Junkshop bei Nacht und Nebel aufzufinden. Und doch finden sie ihn! Sie würden ihn finden, und wenn man ihnen die Augen verbände! — Im Winter liegt der Schnee einen Stock hoch in der engen Straße, und das Eis steht drei Schuh tief auf den Seitenwegen; im Sommer macht der Gestank von verfaulten Fischen und Vegetabilien die Luft so dick, daß man nach zwei Schritten umsinken zu müssen glaubt, und doch finden sie den Weg bei Nacht so gut wie bei Tage! Die D i e b e finden ihn, denn wo sollten sie sonst verkaufen? Die Käufer finden ihn, denn wo wollten sie sonst gleich wohlfeil einhandeln? Das übrige Menschengeschlecht aber scheint sich allda nicht zurechtzufinden, denn die e h r l i ch erworbenen Waaren im Junkshop, das alte Eisen und die alten Möbeln, die Ketten und Seile, die hängen nach Jahr und Tag noch gerade so da, wie Du sie jetzt siehst. Wenn der Junkshopinhaber kein so gar „simpler" Mann wäre, so könnte man glauben, alles das Tröbelgerumpel sei nur das Aushängeschild und der innere Verkehr die Hauptsache. Jedenfalls soll ein Handel mit gestohlenen silbernen Löffeln einträglicher sein, als der Handel mit ehrlich erworbenen alten Beißzangen!

Der Junkshopinhaber ist ein Mann von unbestimmtem Alter, anscheinend zwischen vierzig und siebzig Jahren. Seine Haut ist gelb, wie gegerbtes Leder; sein Auge tief und lauernd; sein Gang gebückt und schlotternd. Seine Ehehälfte sieht aus, wie eine alte Schlutte und Wetterhexe, liebt verworrenes ungemachtes Haar und geht barfuß in zerrissenen Pantoffeln. Das liebe Ehepaar hat sich bedeutend auf's Schnupfen verlegt. Kinder haben sie keine, oder wenn sie welche haben, so sind dieselben nicht zu Hause, sondern lungern auf der Straße herum. Woher das Ehepaar stammt, weß' Landes Kinder sie sind, kann mit Bestimmtheit nicht an-

gegeben werden; denn ihre Mundart hat keine Aehnlichkeit mit irgend einer anderen. — Ihre Religion ist Fluchen und Gelderwerb. Wenn man sie aber ansieht
oder anhört, so sind sie so arm, als Lazarus; doch hat die Frau ein besonderes
Augenmerk auf das Bankbüchlein, das sie unter einem Stein am Ofen versteckt
hält. Dort, unter dem alten Plunder sucht's Niemand und vor Feuersgefahr ist's
auch sicher.

Eine besondere Antipathie hat der Junkshopinhaber gegen Alles, was Richter
und Polizei heißt. Zwar passirt es ihm selten, mit der Polizei oder den Ge-
richten in Collision zu kommen, denn die „Waarenzuträger" werden doch den
„Herbergsvater" nicht verrathen? — Und sollte der Mann, der die Tröbelbude
hält, so dumm sein, sich mit der Polizei auf keinen guten Fuß zu stellen? Mit
Geld läßt sich viel machen, besonders in Amerika, und eine vorher angesagte
Hausuntersuchung läßt sich eher aushalten, als eine unvorhergesehene!

Der Junkshopinhaber glaubt, nie genug erworben zu haben, und wenn er noch
so viel hat. Er kommt daher nie dazu, sein Geschäft aufzugeben und von seinen
Zinsen zu leben. Im Gegentheil, er stirbt in seiner Mördergrube, wie ein Trunke-
ner auf dem Misthaufen. Wird er begraben, so wundert sich sein Leichnam, daß es
auch eine „frische Luft" gebe. — Die Frau setzt das Geschäft fort, aber ohne Gehülfen. — Die Söhne werden mit der Erbschaft fertig, ehe noch der Vater halbverfault
ist. Ihre Erziehung war zu „straßenmäßig."

15.
Die Wahrsagerin.

Sie ist eine Frau von vierzig, höchstens zweiundvierzig Jahren. Aelter wird sie
gar nicht, auch wenn sie ihr Handwerk im fünfzigsten Jahre noch forttreibt. Es ist
dies ein besonderes Vorrecht aller Astrologinnen.

Ihre Person ist ziemlich beleibt, sowohl von vorne als von hinten, und Essen
und Trinken schmeckt ihr sehr. Würde man's nicht täglich in den Zeitungen lesen,
so würde man's gar nicht glauben, daß sie eine „rein geistige" Natur ist, eine
Schwester der Seherin von Prevorst.

Ihr Name ist stets ein klangreicher und immer mit einem Beinamen begleitet.
So z. B. „Madame Seymour, die nordische Seherin", oder „Madame Clin-
tar, die Tochter des Nebels", oder „Madame Fleury, die Schwester des
Lichts". Madame de Bellini nennt sich bescheiden eine zweite Lenormand, und
Sennora Martina eine Base der letzten Druidin, obgleich sie selbst sich hie und
da noch erinnert, daß sie eigentlich Tranz heißt und in Heilbronn am Neckar als
Weingärtnerstochter das Licht der Welt erblickte. — Andere sind wieder bescheide-
ner und nennen sich frischweg „Frau Mayer", „Madame Mollen", „Madame
Rühl", oder wie es ihnen sonst beliebt.

Ihre Wohnung liegt stets in einer Nebenstraße. „Bescheidenheit ziert den Menschen". Es ist auch nicht nöthig, daß man so viel Aufhebens von sich macht, berühmte Leute werden überall gefunden. — Aber wenn auch in einer Nebenstraße, so
ist sie doch nobel, diese Wohnung, immer im ersten Stock, und tief verschleiert mit
Gardinen und geräuschlos gemacht durch dicke Fußteppiche.

Die Wahrsagerin New-York's ist in der That ein höheres Wesen. Sie giebt

Auskunft über Gegenwart und Zukunft, über Reisen und Geschäfte, über Krankheit und Processe, über Abwesende und Gegenwärtige, über Leben und Tod. Sie offenbart alle Geheimnisse, auch über Dinge, die nie geschehen sind; sie kennt den Namen des „Heißgeliebten", und giebt ein Portrait der „Süßen — Zukünftigen", auch wenn's deren mehrere sein sollten. Jede Krankheit wird von ihr curirt, auch die incurabeln, und Geburten werden vorherverkündigt, die ohne sie nie eingetreten wären. — In der That, sie weiß viel, diese Base der letzten Druidin und wunderbar genug, zu allen diesen Aufschlüssen und Prophezeihungen braucht sie nichts als ein altes Spiel Karten, aber altdeutsche müssen's sein, denn französische thun's nicht, — und ein verwischtes Planetensystem mit den zwölf Himmelszeichen des Thierkreises. Nicht einmal einen Todtenkopf wendet sie an, wo man doch früher meinte, daß ohne einige Skelette nichts zu machen sei. Aber — so schreitet die Wissenschaft vorwärts! —

Das Publikum ist auch sehr dankbar für solche Kunstproduktion, und eine perfekte Wahrsagerin darf nie über Mangel an Besuch klagen. Die Herren sind zwar ziemlich rar in neuester Zeit, aber um so lustiger fliegen die Schillinge der jungen und alten Jungfern, und Entrée ist Entrée, ob's eine alte Jungfer zahlt, oder ein verdorbener Wüstling. Den meisten Zulauf machen die Neger und Negerinnen. Alles Geld, das diese auftreiben, geht entweder in die Lotterie oder wird der Wahrsagerin zugetragen.

Am Meisten liegt der Wahrsagerin daran, ein Dämchen aus den höheren Ständen aufzufinden, an dem eine „specielle" Wahrsagung eintrifft, und zu dem Ende hält sie sich „Hausfreunde", die in den höheren Ständen Zutritt haben. Sie kosten Etwas, diese Hausfreunde, gut Essen, gut Trinken und sonst noch 'was und noch baar Geld dazu, aber das Geld ist nicht hinausgeworfen, denn „Eine solche eingetroffene Prophezeihung", — und die ganze Woche hindurch halten jeden Tag Dutzende von Equipagen vor der „Office" der „Tochter des Nebels", oder der „Schwester des Lichts", und Damen, die in Equipagen fahren, begnügen sich nicht mit einem Nigger-Entrée!

Die eigentlichen Hauptkunden der Wahrsagerinnen sind stets junge und alte Wüstlinge, denen sie zu Rendezvous mit Mädchen und Frauen behülflich sind. Nur sehr ausnahmsweise werden solche Zusammenkünfte für den Zweck einer beabsichtigten Heirath arrangirt. Fast immer ist Verführung der ausgesprochene und nur den Opfern derselben nicht bekannte Zweck solcher Arrangements.

Welch' leichtes Werk die Verführung in solchen Fällen hat, ist nicht schwer einzusehen! Das abergläubische Mädchen, dem eine reiche Heirath prophezeiht und dem sein künftiger Gatte in einer Weise geschildert wurde, daß es denselben in der Person des Schurken erkennen muß, der seinen Ruin beschlossen hat, besitzt selten moralische Kraft genug, um der raffinirt vorbereiteten Versuchung nicht zu unterliegen. Es erwacht aus seinem Traume fast immer erst, wenn es zu spät ist! In vielen solchen Fällen wendet sich das Opfer häufig wieder an den weiblichen Satan, der es schon einmal verkauft hatte. Es sucht abermals die Wahrsagerin auf, die, wie es glaubt, Mittel besitzt, ihm den treulosen Geliebten wieder zuzuführen. Doch damit kommt die Betrogene aus dem Regen in die Traufe! Die wahrsagende „Freundin" weiß ihr bald ein neues, schöneres Glück vorzuspiegeln und führt sie entweder abermals in die Klauen eines Lüstlings, oder bringt sie in einem „Ladies Boarding House" unter, womit ihr Ruin für immer besiegelt ist!

Es ist eine der Polizei wohlbekannte Thatsache, daß die Wahrsagerinnen im Solde von Freudenhäusern stehen, die durch sie einen namhaften Theil ihrer bedauernswerthen Opfer zugeführt erhalten. Diese Art Dienste sind für die Wahrsagerinnen bedeutend lohnender, als ihre Zukunfts-Enthüllungen, indem ihnen für solche Dienste $10 bis $15 ja sogar $50 gezahlt wird.

Mit den Behörden stellt die Wahrsagerin sich sehr gut. Zwar ist es diesen schon eingefallen, die „Damen-Astrologinnen" als Schwindlerinnen, Betrügerinnen und was solcher plebejischer Namen noch mehr sind, vor Gericht zu laden; allein die Herren Polizeirichter lassen „verständig" mit sich sprechen und — ein Kläger hat sich noch selten gefunden. Die Geheimnisse des Beichtstuhles sind nicht sicherer. — Die Damen-Astrologinnen geniren sich deshalb auch gar nicht; sie haben alle Tage ihre Annoncen in den Zeitungen, in englischen, in deutschen, und — was für Annoncen!

Die Wahrsagerin hat ihre besonderen „Office"-Stunden, wie der Arzt und Advokat, in der man ihr seine Aufwartung machen kann: meistens von zehn Uhr Morgens bis acht Uhr Abends. Die übrige Zeit ist sie nicht zu sprechen, denn das Prophezeihen strengt gar sehr an und man muß doch auch Muße haben für Essen und Trinken, für Toilette und Hausfreunde.

Einen besonders guten Eindruck macht es, wenn die Wahrsagerin einen Neger als Portier hält, der die Besuche anmeldet und einläßt.

Das Entrée ist meist ein Dollar für Herren und 50 Cts. für Damen. Vornehme Damen zahlen ad libitum; Negerinnen nur 25 Cts. Doch auch hier sieht man das Wandelbare des Schönen auf der Erde; giebt es doch so gemeine Kreaturen, die sogar das „Wahrsagen" heruntergestempelt haben, und es jetzt für 12 Cts. besorgen! — Die Konkurrenz ist der Untergang der Kunst.

16.
Die amerikanische Eisenbahn.

In Deutschland und Europa baut man die Eisenbahnen durch die cultivirtesten Gegenden. Man macht Umwege und Krümmungen, um die Städte und Dörfer ringsum nicht zu umgehen, und je mehr Menschen am Wege, um so einträglicher macht sich das Geschäft. In Amerika ist das Ding anders. Eine amerikanische Eisenbahn führt durch Strecken, wohin, außer dem Indianer, noch keines Menschen Fuß gedrungen. Sie wird gebaut, nicht um dichtbevölkerte Gegenden einander näher zu bringen, sondern um Bevölkerung in menschenleere Räume zu schaffen. Durch den Urwald, über Sumpf und Moräste, über Flüsse, die noch keine Brücke gesehen, führt sie, und die Hände erst, die die Bahn bauen, bringen menschliches Leben in eine Gegend, wo vor wenigen Jahren nur der Hirsch und der Biber oder der einzelne Jäger zu sehen war. Die amerikanische Eisenbahn ist nicht das Erzeugniß der fortgeschrittenen Kultur, — sie ist die Vorläuferin der Kultur.

Sie kommt nicht allzuhoch zu stehen, eine solche Bahn. Kleine Unebenheiten sind kein Hinderniß; zur Noth fährt man auch über kleine Berge. Auch mit der Grundlage der Bahn braucht man nicht allzuviel Federlesens zu machen. Wenn auch eine Schwelle hie und da einsinkt, wenn's auch ein Bischen wackelt und rumpelt und stößt, das genirt den Amerikaner nicht. Wenn's nur vorwärts geht! — Die Brücken über Moräste und Flüsse, sogar über kleine Meeresbuchten, kosten auch nicht viel Kopfzerbrechens. Man schlägt Pfähle ein, legt die Schienen darüber und — fertig ist die Bahn. Geländer oder sonstige Sicherheitsmaßregeln sind Nebensache. — Sie darf aber auch nicht zu viel kosten, die Eisenbahn! Denn das Geld, das sie kostet, wird nicht etwa durch den Menschen- und Waarenverkehr wieder eingebracht, ein solcher ist vor vielen Jahren nicht zu erwarten; nein durch die Eisenbahn selbst, durch das Land, welches sie durchläuft, müssen ihre Kosten ersetzt werden. Dieses Land, viele Meilen weit rechts und links von der Bahn, hat die Gesellschaft, welche die Bahn baut, vom Staate zum Präsente erhalten. Es lag die Zeit her wüst und öde, und trug dem Staate nichts ein; jetzt aber wird es der Einwanderung geöffnet. — Große Annoncen stehen in den Zeitungen, Annoncen über die Fruchtbarkeit des Landes, Annoncen über die Städte, die allda gegründet werden, nebst den vollständigen Plänen derselben, Annoncen über die Vortheile, die den Einwanderern gewährt werden. Freilich fertig ist noch Nichts. Hier wird z. B. eine Stadt „Rom" genannt, dort „Paris," an einem anderen Fleck: „London," und wenn Du hinkommst und Dich begierig nach dem langen Wandern in der Wildniß nach der „Stadt" umschaust, so findest Du eine Lichtung in den Wald gehauen und an einem alten Baume hängt eine Tafel mit den Worten: „London, Paris oder Rom." Das ist die neue Stadt. Aber die Ansiedler kommen doch, denn sie bekommen das Land zu einem billigen, sogar sehr billigen Ansatz und die Eisenbahn sichert ihnen den Absatz ihrer Erzeugnisse. Je mehr Ansiedler kommen, desto mehr steigt der Acker im Preise und das Land ist bald zehn und zwanzig Mal so viel werth, als vor wenigen Jahren. Jetzt ist die Zeit gekommen, wo die Eisenbahngesellschaft Geld macht! — Die ersten Ansiedler, denen man das Feld halb schenkte, waren nur die Lockvögel.

Die innere Einrichtung der amerikanischen Eisenbahn ist eine äußerst bequeme. Prächtige Wagen und prächtige Sitze darin. Für alle Bequemlichkeit ist gesorgt. Wasser ist da zum Trinken; Oesen sind da zum Heizen. Ein Rauchsalon ist da für Cigarrenliebhaber und ein „geheimes Gemach" für alle Fälle. Besonders auf die schöne Welt ist Rücksicht genommen. Die Sitze sind so eingerichtet, daß sie sich drin, wie in einem Großvaterstuhle, zurücklehnen können. Der Boden ist mit Teppichen, die Wände mit Spiegeln versehen. Und alles für einen geringen Preis von einigen Groschen per Stunde! und kein Rangunterschied, nur Eine Wagenklasse! Der Vornehme, wie der Geringe, der Reiche, wie der Arme zahlt Einen Preis! — Doch — der hinkende Bote kommt nach.

Man wird doch den feinen Amerikanerinnen nicht zumuthen wollen, daß sie in Einer Klasse, in Einem Wagen mit den schmierigen Irländern, mit den ungehobelten Deutschen, den Bauerlümmeln fahren? D'rum haben die Herren Amerikaner den Emigrantenzug erfunden. — Es ist eine gottvolle Einrichtung, Alles zum Wohl der frisch angekommenen Irländer und Deutschen! Allerdings besteht der Emigrantenzug meist aus Wagen, die sonst zum Transport des Viehes gebraucht werden; allerdings werden die lieben Emigranten in diesen Wagen auch zusammengepackt, wie das liebe Vieh; allerdings braucht der Emigrantenzug immer die doppelte und dreifache Zeit, wie ein anderer Zug und die Mitfahrenden haben hie und da das Vergnügen, ausgepackt und auf Kanalbooten weiter geschafft zu werden, wo sie manchmal mitziehen müssen, nur um vorwärts zu kommen;

allerdings sind durch den langen Aufenthalt unterwegs große Kosten mit diesem Zuge verbunden; aber — ist es nicht von Vortheil für den Emigranten, wenn er gleich Gelegenheit hat, sich das Land zu besehen und darüber sich zu orientiren? Ist nicht der Emigrantenzug in seiner Fahrtaxe um den vierten, vielleicht auch um den dritten Theil wohlfeiler, als der Expreßzug? Ist das nicht Erleichterung genug, um das Bischen schlechter und länger Fahren wieder auszugleichen? —

Sonderbar! Die Bahn ist schon lange fertig; die Ländereien rechts und links sind verkauft; die Frachten mehren sich mit jedem Tage; die Eil- und Emigrantenzüge sind fast immer mit Menschen vollgepfropft, und doch — will der Ertrag der Bahn nicht zunehmen! Ja die „Stocks" oder die Aktien, wie man's sonst nennt, haben eher eine Neigung zum Fallen, als zum Steigen. Noch einige Jahre und es zeigt sich zum Schrecken der Aktionäre, daß die Bahn nicht ertragsfähig ist! — Die Aktieninhaber fluchen; sie stellen neue Berechnungen und einen neuen Kassirer an; aber Alles hilft Nichts, die Bahn trägt keine Dividende, sie trägt kaum Zinsen, sie hat zu viel gekostet! — Der Kukuck hole die Wirthschaft! Die Direktoren und der Präsident der Bahn aber lachen in ihrem Innern, sie haben ihr Schäfchen im Trockenen; denn sie haben die Ländereien verkauft, und den Kaufpreis gemacht; sie haben die Bahn gebaut und die Baukostenrechnung gestellt; sie haben gehandelt und nicht zu ihrem Nachtheil gehandelt, und noch Besoldung dafür bezogen, ein Präsident z. B. selten unter 25,000 Dollars, dieselbe Besoldung, wie der Präsident der Vereinigten Staaten! — Glaubt ja nicht, daß die Bahn nicht ertragsfähig ist; sie war es stets, aber nicht für Alle, sondern nur für Wenige, die Direktoren! In Deutschland würde man vielleicht diese „Wenigen" in's Zuchthaus sperren; in Amerika nennt man sie „smart" und lacht die Aktionäre aus und damit hat die Geschichte ein Ende. Das Publikum aber kümmert sich nicht nagelsgroß um die ganze Geschichte, wenn nur die Bahnzüge zu richtiger Zeit abgehen.

Doch nicht blos in der Ertragsfähigkeit, — die Hauptbevorzugung der amerikanischen Eisenbahn liegt in ihrer Sicherheit?! — In Deutschland denkt man nicht daran, daß ein Unglück passiren könne, wenn man sich in einen Bahnzug setzt. In Amerika macht man vorher sein Testament und sucht einer Lebensversicherungsgesellschaft beizutreten. Unter zwölf Eisenbahnunfällen, die auf der ganzen Erde vorkommen, sind immer eilf auf amerikanische Rechnung zu setzen. Kein Wunder, wenn die Lebensversicherungs-Gesellschaften in neuester Zeit „Eisenbahnreisende in Amerika" nicht mehr annehmen wollen! — Solche Kleinigkeiten, daß Einer z. B. zu schnell aussteigt und unter die Räder kommt, oder daß ein Kondukteur zwischen die Wägen geklemmt und erdrückt wird, oder daß eine kleine Kollision mit einer Kuh vorkommt, die gerade zur Unzeit über die Bahn läuft und Schuld ist, daß ein Paar Dutzend Arme und Beine gebrochen werden, — solche Erbärmlichkeiten werden in Amerika nicht zu den „Unfällen" gerechnet. Ein Amerikaner legt einen anderen Maßstab an. Zu einem Eisenbahnunglück gehört schon, daß Ein Zug mit dem Anderen zusammenstößt und zwar in der kleinen Geschwindigkeit von vierzig Meilen auf die Stunde und daß sieben oder acht Wägen zertrümmert und ein Paar hundert Menschen zerdrückt, zerquetscht, zerrissen, zerbrüht, zermalmt werden! Dazu gehört schon, daß der Zug in vollem Rasen über eine Schiffbrücke fährt, während diese gerade offen ist, um eine Barke durchzulassen! Die Maschine macht einen Satz, wie ein angeschossener Tiger; sie hebt sich und bäumt sich, die vorderen Räder gelangen an's andere Ufer; aber dann stürzt sie hinab mit einem Ruck in den reißenden Strom unten und mit ihr der ganze Zug, bis auf vielleicht Einen Wagen, der sich merkwürdigerweise ausgehängt hat. Ein Chaos von zerschlagenen Wägen und zerrissenen Menschenkörpern bedeckt den Grund! — Ja, ein Paar Hundert Menschenleben müssen schon darauf gehen, wenn's ein „Unglücksfall" genannt werden soll. Dann erhebt sich freilich ein Schrei der Entrüstung durch alle Blätter; es wird klar bewiesen, daß alle Schuld nur an dem wahnsinnigen schnellen Fahren, an dem Mangel an Aufsehern und Bahnwärtern, an der schlechten Bauart der Bahn, an dem einfachen Geleise, statt eines doppelten, liege. Die ganze Umgegend, wo das Unglück geschehen, wird wüthend; man droht, den unseligen Zugführer, der sich natürlich durch einen Sprung gerettet hat, an den nächsten besten Baum zu hängen, ja man droht, die Direktoren und die ganze schlechte Sippschaft mit aufzuknüpfen; aber — nach vier Wochen ist ein anderes Tagesereigniß auf dem Tapet. Die ganze Geschichte ist vergessen und das Publikum fährt fort, die Bahn wie bisher zu benutzen. 'S ist halt ein Unglück gewesen.

Natürlich lassen die Direktoren Alles beim Alten. Sie werden sich doch nicht wegen so ein paar Dutzend todter Menschen in Kosten stürzen und Bahnwärter anstellen oder gar noch ein Geleise legen! — Unangenehm bei der ganzen Affaire ist ihnen nur, wenn Einer, der bei der Kollision mit dem Leben davon kam, aber Arm und Bein verlor, oder Eine, die durch den „Unfall" ihres Ernährers, Beschützers und Gatten beraubt wurde, klagbar wird, d. h. eine Civilklage anstellt; denn dann müssen sie blechen, die Herren Direktoren, und oft viel blechen! — Lieber eine Kriminalklage wegen „Mordes" aushalten, als Entschädigung zahlen!

Auf allen Bahnhöfen Amerika's steht mit großen Buchstaben angeschrieben: „Hütet Euch vor Taschendieben!" — Vorsicht kann nicht schaden, besonders in einem so grundehrlichen Lande. Du aber, lieber Leser, hüte Dich noch viel mehr, auf einer amerikanischen Eisenbahn eine Spazierfahrt zu machen, wenn Dir Dein Leben lieb ist.

Das muß man ihnen aber lassen, eine amerikanische Eisenbahn ist fix und fertig, wenn man anderswo kaum recht angefangen hätte. Und fahren thun sie, wie der leibhaftige Satan.

17.

Die Broadway-Dame.

Sie ist sehr jung und ist sehr schön. Ihre Kleidung ist die eleganteste, die Du sehen kannst, nach dem neuesten Geschmack, und nie überladen. Du bleibst stehen, wenn Du sie nahen siehst, Du glaubst eine Gestalt aus dem Feenreiche erblickt zu haben, und doch sagt Dir ein Etwas an ihrem Gange, ein Etwas in ihrem Blicke, ein Etwas am Schnitt ihres Leibchens, daß sie zu d e r Gattung Weiber gehört, die ein Gewerbe mit ihrer Schönheit treiben.

Sie wohnt prachtvoll. Die Straße ist still, ruhig, fein; es stehen keine Baracken drin, wie man sie sonst fast überall in New York hart neben den Prachtgebäuden von Marmor trifft. Nein, es sind lauter solide Backsteinhäuser und wohl geeignet für eine reiche Privatfamilie. Aber es wohnt keine reiche Privatfamilie da, in dem ganzen Straßen-Block wohnt keine; sondern lauter feine junge Damen wohnen da. — Das Haus ist mit Teppichen belegt von unten bis oben. Prachtvolle Kronleuchter hängen in den Sprachzimmern. Die Möbel sind vom feinsten Rosewood. Die sammtnen Sophas und Ruhebetten können nicht weicher gefunden werden. Die Spiegel im breitesten Goldrahmen reichen bis auf den Boden. An den Wänden hängen Oelgemälde, die Du Dir nicht in den Parlor aufstellen möchtest. Liebliche Vögel zwitschern in den silbernen Käfigen und in Krystallvasen schwimmen goldene Fischlein. — In diesem Hause wohnt sie. Sie wohnt nicht allein da; ihrer sind zehn oder zwölf; alle jung und schön, wie der anbrechende Tag oder wie der Mond, wenn er glühend und voll emporsteigt. Jede hat ihr eigenes Zimmer und keine Dame könnte es prachtvoller ausgestattet wünschen. So glänzend, so von Gold und Sammet und Seide durchwirkt ist jedes Stück, so frisch und rein, so bräutlich geschmückt ist das breite Bett, so liebliches Hellbunkel verbreiten die damastenen Vorhänge, so von Duft und Ambra durchflossen ist die Luft, daß Du glaubst, in die Brautkammer einer Rose von Schiras getreten zu sein. Und doch ist sie die Braut eines Jeden, der gut bezahlt! — Sie wohnt auch nicht da im eigenen Hauszins; die prachtvollen Möbel, die sie benützt, sind nicht die ihrigen; ja vielleicht die seidenen Röcke, die Spitzenmantillen und Sammetgarnirungen, all' die Kleiderpracht, die in ihrem Zimmer umherliegt, — sie gehört nicht ihr, sondern Alles gehört der „Madame", die im ersten Stock wohnt. Die „Madame" hält das Haus, sie hat die Tausende, die für die Möblirung nöthig waren, gespendet, sie hat den „Mädchen" die Kleider, den Schmuck angeschafft und die Mädchen sind nun dazu da, die Sache — abzuverdienen. —

Das Haus, in dem diese Damen wohnen, erscheint Dir Morgens wie ausgestorben. Alle Läden sind fest geschlossen und höchstens siehst Du innerhalb der Hausthür, an welcher das silberne Schildchen mit dem Namen der „Madame" prangt, ein Paar häßliche Negerinnen, den Gang säubernd und waschend. Die reiche Aristokratie New-York's und die — „Madame" derartiger Häuser halten sich blos Neger zur Bedienung. — Mittags ist schon etwas mehr Leben. Die Jalousien an den Fenstern werden halb aufgezogen und hinter denselben nur schwach verdeckt sitzen die holden Feen, im tiefsten Negligé, mit halb aufgelösten Haaren, der Oberkörper in einem Naturgewande. Sie ziehen sich nicht zurück, wenn Du hart an den Fenstern vorübergehst; o nein, sie winken und lächeln Dir zu. — Die Mittagszeit ist ihre Frühstunde; um diese Zeit stehen sie auf. Gegen Abend wird Toilette gemacht und ein Spaziergang angetreten. Das eigentliche Leben aber beginnt erst Nachts, wenn die zehnte Stunde geschlagen und der ehrliche Bürgersmann zur Ruhe gegangen ist. Jetzt ist die Zeit für die Vornehmen und — für die „Damen" der Vornehmen. — Still und ruhig, ja düster und verlassen steht das Haus; alle Läden sind fest verschlossen. Nur eine helle Gaslaterne mit verschiedenfarbigen Lichtern hart über der Hausthür verkündet, daß Leben darin ist. Du rührst den Thürklopfer, eine Negerin öffnet Dir, sie weist Dir den Weg zum „Salon" und Du trittst ein in ein Strahlenmeer von Gas, von bezaubernden Nymphen bewohnt. Ein Prachtsalon! — An einer Seite steht das unvermeidliche Piano. Auf den Ottomanen sitzen einzelne Herren, im Salon schweben die Feen auf und ab. Was ziehst Du vor, das sanfte Veilchen mit dem Taubenäuglein und der Sylphidentaille oder die blendende Rose mit den Feuerkugeln im Kopfe? Du kannst Deine Auswahl treffen nach Wunsch: blond oder braun, schwarz oder rosig, schlank oder üppig, sanft oder herausfordernd, — Wenn Dir die Wahl schwer wird, so iß den ganzen Speisezettel von unten bis oben. — Sieh', jetzt rührt sich der Klavierspieler. Es ist kein Virtuos und auch kein Dilettant; es ist ein Klavierspieler um's Geld und natürlich ein Deutscher. Die Damen hüpfen nach dem Takte auf und nieder; sie umschlingen sich und drehen sich und mit jeder Windung tritt eine neue Schönheit zu Tag. Jetzt erscheinen eine Partie Herren; sie kommen offenbar nicht aus der Kirche, vielleicht aus dem Theater, ohne Zweifel aus dem Wirthshause. Sie sind lustig und guter Dinge und wollen ihrer Lust die Krone aufsetzen. Die Champagnerpfropfen knallen; ächter New-Yorker Champagner, die Flasche zu drei Dollars und — um fünf und zwanzig Cents im Engrospreis! Hurrah, den Yankee-Doodle aufgespielt! Auch ältliche Herren erscheinen, Männer, von denen man glauben sollte, sie seien ehrbare, reiche Kaufherren und die es auch wohl sind; Männer, die den Tag über wohl auf ganz andere Art beschäftigt sind, und von denen man hie und da vermuthen möchte, sie wären in der Nähe der Kanzeln mehr daheim, als hier in dem Hause des Lasters. Sie sind aber hier zu Hause, wenn sie sich auch etwas scheu benehmen und nach kurzer Anwesenheit wieder verschwinden, doch nicht ohne nachfolgende Begleitung. — Oft schon haben sich Sohn und Vater getroffen und die Mutter hat's doch nicht erfahren! Oft schon fand sich Beichtkind und Beichtvater zusammen und schwemmten die sündige Bekanntschaft in einem Glas Champagner hinunter! — Hurrah, den Yankee-Doodle! oder einen Tyroler Ländler, das ist die beste Musik in der ganzen Welt! Die Augen glühen, die halbbedeckte Brust hebt sich wogend auf und nieder; ein Pärchen nach dem andern verschwindet; die andern aber merken nichts, denn sie trinken und jubeln und singen den Yankee-Doodle!

Es ist drei Uhr vorbei. Die Herren, die noch im Salon, müssen sich entfernen. Der Pianospieler ist schon auf und davon. Die Negerin löscht das Gas und schließt die Hausthür. — Ein Tag ist vorbei, um einem anderen Platz zu machen.

„Und wie kam sie dahin die schöne Jungfrau?!" — Eine traurige Geschichte ist's, aber eine alltägliche, und nimmt Niemanden Wunder, der mit dem Leben der „höheren" Stände bekannt ist. Denn daß sie den höheren Ständen angehört, das merkst Du aus jeder Bewegung, aus jedem Worte, das ihrem Munde entströmt.

Sie war die Tochter vielleicht einer reichen Kaufmannsfamilie, vielleicht eines hochgeachteten begüterten Farmers, vielleicht eines Fabrikherrn, vielleicht sogar eines weltberühmten Seelsorgers. Sie war so lieblich als ein Kind von vier bis fünf Jahren! Die blonden oder braunen Locken beschatteten ein Engelsangesicht. Sollte man ein solches Kind nicht hätscheln? Man kleidete es in Spitzen und in Seide und alle Tage schwatzte man es ihm zwei hundert Mal vor, wie schön es sei! Man stellte es vor den großen Spiegel und ließ es sich winden und drehen, gerade wie die Frau Mutter oder die ältere Schwester sich wandten und drehten! Man that es in Gesellschaft von anderen Mädchen und Buben, und die Mädchen und Buben machten es den Fräuleins und jungen Herrchen nach und spielten „Liebhaberei" unter einander! Das war die Grundlage. — Dann kam das liebe Kind vielleicht in seinem neunten Jahre in eine „female academy", d. i. eine weibliche höhere Erziehungsanstalt. Es ist nicht weit hin, das junge zarte Fräulein kann den Weg dahin Morgens und Abends zu Fuße zurücklegen; aber es legt ihn nicht a l l e i n zurück; denn ein Jugendgenosse, ein früherer Spielgenosse, der den ähnlichen Weg zu machen hat, ist bald gefunden. Und da sitzen sie denn Abends bei einander im Hinterparlor und er macht den „Beau" und sie die „Angebetete", alles natürlich in purer K i n d l i c h k e i t, doch schon mit fast so viel

Natur, als im Vorderparlor die ältere Schwester mit ihrem Galant. In Amerika reist man schnell, und im zwölften Jahre verstehen dort Mädchen Dinge, die einer Lappländerin im dreißigsten Jahre noch böhmische Dörfer sind. — Im vierzehnten Jahre tritt die junge Dame irgend einer Kongregation bei. Der Vater und die Mutter gehören vielleicht der Episcopalkirche an und die ältere Schwester der Presbyterianerkirche. Sie selbst aber hat von einer Schulfreundin erfahren, daß die schönsten Beaus in der Unitarierkirche So und So zu finden seien und tritt dieser Kongregation bei. Natürlich besucht sie die Kirche sehr häufig, Sonntag Vormittag, Sonntag Mittag und besonders Sonntag Abends. Es ist so gar „nett", im Mondschein sich nach Hause begleiten zu lassen! Die Eltern aber sind ganz stolz auf ihres Töchterleins Frömmigkeit. — Im fünfzehnten Jahre steckt ihr eine Freundin die „Broadway Belle" oder eines jener anderen „züchtigen" Blätter zu, die heimlich und doch offen in New-York und durch ihre Holzschnitte das Herz der „Jungfrauen" erfreuen! Bald wird der Beau in's Geheimniß gezogen; er liefert von nun an die „illustrirte" Literatur, und mit einander bewundern sie den prächtigen Holzschnitt und schütteln sich vor Lachen! — Nunmehr wird der Beau „Liebhaber", in wörtlicher Auslegung des Wortes. Ja, sie lieben einander — — —, und wenn eine Freundin auf die möglichen „Folgen" dieses Verhältnisses aufmerksam macht, so lacht sie und antwortet: „Lebt nicht Madame So und So", oder „für was sind denn Doktoren und gewisse Pillen da?"

Und wie so weiß denn das junge Mädchen, wo Madame So und So wohnt; — wo der geschickte Doktor zu treffen ist, — wo man die praktischen Pillen bekommt? Wer sagt es ihr?

Jeden Tag kann sie es in den Zeitungen lesen, da kündigen die „Madamen" — die „Doktors" und die „Pillen-Bereiter" ihre Dienste, wenn auch etwas verblümt, an; die Herren Zeitungsherausgeber wissen, was damit gemeint ist, — sie wissen, daß sich dahinter das Verbrechen des Kindesmordes versteckt, aber was kümmert sich ein Herausgeber einer amerikanischen Zeitung um die Ankündigung eines Verbrechens, wenn es ihm nur Geld einbringt!

Feile, charakterlose Subjekte! Helfershelfer von Mördern und Mörderinnen! Wer gestohlene Sache kauft, wer, vielleicht wegen eines kleinen aus Noth begangenen Diebstahls einige Wochen oder Monate im Gefängniß gesessen hat, wird verachtet, wird gemieden, — wer wird einem solchen Menschen die Hand reichen, wer wird sich eine Ehre daraus machen, mit ihm verkehren zu können?!

Aber diese Zeitungsherausgeber, die nur gemeinen Gewinnes halber an dem begangenen Mord mitbetheiligt sind, — sie sind Ehrenmänner, sie stehen groß und geachtet da, denn sie haben ja Geld! Sollte ihnen ihr Gewissen nicht schlagen, wenn sie in den Kolumnen ihrer eigenen Zeitungen über die begangenen Verbrechen berichten müssen. Denn nicht immer geht Alles still und glatt vorüber; manchmal kommt doch die Behörde dahinter und es giebt eine Coroners-Jury und oft auch eine Gerichts-Verhandlung, besonders wenn es nicht „Damen aus den höheren Kreisen" betrifft; an Mädchen und Frauen aus den niederen Ständen wird ein Beispiel statuirt. Das nennt man Gleichheit vor dem Gesetze, das nennt man: kein Standesunterschied! Doch kehren wir zur Naturgeschichte unserer Broadway-Lady zurück!

Bald genügt dem liebebedürftigen Kinde ein Beau nicht mehr; der Vater muß sie an einen berühmten Badeort bringen, nach Saratoga oder Newport. Hier hat sie freien Spielraum; aber oh Jammer, dem Vater wird der Aufwand und Luxus zu groß, die „Abenteuer" waren zu piquant, um länger verschwiegen zu werden, das Fräulein figurirt in den Zeitungen, und — was bleibt nun anders übrig, als sich in's Wasser zu stürzen, oder zu heirathen, oder nach einen der erwähnten Häuser zu ziehen? Das Erstere ist mit zu unangenehmen Gefühlen verbunden; das Zweite ginge wohl, aber geht nicht immer; so bleibt nichts übrig, als das Dritte.

Das ist die Laufbahn von Dreiviertheilen jener Ladies, jener Damen; sie sind fast alle Amerikanerinnen. Hie und da nur triffst Du eine importirte Deutsche oder Französin. Und was ihre Geschichte? Die Eine war eine geborene Baronesse, die Andere eine Beamtentochter; jede aber wurde in ihrem siebzehnten Jahre zu vertraut mit ihrem Liebhaber. Er konnte, er wollte sie nicht heirathen; er verließ sie; die Stunde der Schmach kam heran; die Eltern verstießen sie und sie ging mit dem letzten Reste ihres Geldes nach Amerika; da kennt sie Niemand.

Gewohnheit thut auch viel. Im Anfang war fast ein S c h l a f t r ä n k c h e n nöthig, um das „verlorene Fräulein" zu Allem zu bringen, was dort in einer Orgiennacht passirt. Aber nur der erste Schritt zu der neuen Carrière fällt schwer; der zweite geht schon im Galoppadentritt.

Eine besondere Liebhaberei dieser Damen ist es, Nachmittags in voller Galla im Broadway auf- und abzuspazieren, daher auch die Bezeichnung „B r o a d w a y - L a d y," vor den Läden des Luxus stehen zu bleiben, und sich von den Broadway-Löwen bewundern zu lassen. Hie und da nimmt sie auch mit einer Kameradin einen Wagen und fährt auf die Spree. Da wird getollt und gelacht und die Wirthe, bei denen sie anfahren, um Brandy zu trinken und Spiegel zu zerschlagen, bekreuzen sich, wie Weiland die Münchner Geistlichkeit vor der Lola-Montez.

Das Ende der Gefallenen ist sehr einfach. Entweder erfährt der Vater nach langem Forschen und Spioniren, daß sich seine Tochter in einem New-Yorker Hause der Schande befinde und läßt sie sich ausliefern, um sie auf den Weg der Besserung zu bringen; oder verliebt sich einer der Besucher auf eine tolle Art in sie und zwingt sie fast, ihn zu heirathen; oder stirbt sie im Spitale, weil ihr Körper zu schwach war, die allnächtlichen Orgien auszuhalten; oder bringt sie in einem Anfalle von Reue, mit Delirium tremens vermischt, sich selbst um, oder wird sie, wenn ihre Reize für die feinen Leute nicht mehr zureichen, S t r a ß e n n y m p h e. Letzteres ist der wahre Jakob. Das Paradepferd wird am Ende Karrengaul!

Die „Frommen" in New-York haben die Absicht, diesem Treiben ein baldiges Ende zu machen. Sie haben bereits vierhundert Kirchen in der Stadt, und sind eben im Begriff, das fünfte Hundert voll zu machen, allein — d a s U e b e l l i e g t t i e f e r; es liegt in der Erziehung, in dem, was die Kinder an den Eltern sehen. — Da helfen Kirchen nichts und ebenso wenig die Scheinheiligkeit in Bestrafung der „Madamen!"

18.

Der Exchangebroker.

Der Exchangebroker ist auf gut deutsch ein Geldwechsler.

Seine „Office" hält er wo möglich in dem belebtesten Theile der Stadt, da, wo der meiste Verkehr ist. Du triffst ihn aber auch in Gegenden, wohin man glauben sollte, es komme den ganzen Tag kein Mensch, um ein Dollarbill umzuwechseln. Und doch sieht man Tag für Tag nicht bloß Einen, sondern zwei und drei Herren in der Office beschäftigt, und — die müssen doch zu thun haben! Da muß doch ein Verkehr, ein Einkommen sein! Versteht sich, ist ein Einkommen da und kein schlechtes; denn der Broker treibt auch kleine Nebengeschäftchen. Ja vielleicht kommst Du später zur Einsicht, daß das ganze Brokerthum nur der Aushängeschild ist, wie der Putzmacherladen hie und da für andere Liebhabereien. Und doch sieht sie so unschuldig aus, die Exchangeoffice. Kommst Du hinein, so siehst Du nichts, als einen großen Zahltisch, auf den Du Dein Papiergeld hinlegst, um anderes Geld dafür zu bekommen. Im Hintergrunde siehst Du freilich einen grünen Vorhang, und siehst, wie verschiedene Leute, die hereinkommen, hinter diesem grünen Vorhang verschwinden. Allein Du denkst: „das wird wohl das Privatzimmer sein", und scheust Dich natürlich, näher zu treten. Und doch — es gehen ja der Menschen gar Verschiedene hinein. Willst doch auch einmal sehen, was da los ist. Und siehe da, Du bist höchst willkommen, Du wirst freundschaftlichst eingeladen, näher zu treten, denn Du bist in keinem Privatzimmer, sondern nur in einem Geheimzimmer, und — „Lotterieloose, Lotterieloose" ist hier die Parole.

In Amerika giebt's äußerst gute Gesetze, wahre Mustergesetze. So z. B. im Staate New-York und einigen anderen ist ein strenges Gesetz gegen Lotterien. Die Gesetzgeber wissen wohl, welche Folgen gewöhnlich das Lotteriespiel hat; sie kennen den Wahnsinn, der den Spieler erfaßt; sie kennen den Ruin, den neunhundertundneunundneunzig Mal das „Setzen auf die Glücksnummer" über ganze Familien gebracht hat. Sie wissen es, und — das strengste Verbotsgesetz erging. Doch die Nürnberger hängen keinen, sie haben ihn denn zuvor, und ein amerikanisches Gesetz wird nur dann befolgt, wenn — die Leute Lust haben, es zu befolgen. Tritt nur hinter jenen grünen Vorhang, dann siehst Du, wie das Gesetz befolgt wird.

Der Broker genirt sich gar nicht in diesem seinem kleinen Nebengeschäftchen. Er hat seine Agenten allüberall, und diese Agenten geniren sich ebensowenig. Er sendet seine Cirkulare aus, als hätte er das vollkommenste Recht dazu. Und — keine Seele nimmt Anstoß daran. Kein Mensch legt ihm ein Hinderniß in den Weg. Das macht, er steht gut mit der Polizei, und wenn je was im Winde ist, so erhält er immer zeitig genug Nachricht, um den ganzen Lotterieapparat auf die Seite zu bringen.

Sie kostet ihm Geld, viel Geld, diese Freundschaft mit der Polizei. Aber er hat ja Geld. — Oder bezieht er nicht seine fünfundzwanzig Prozent von jedem verkauftem Loose? Hat er nicht seinen Diskonto von jedem Gewinn, den er auszahlen muß? — Und — weiß er nicht Mittel, sich diesen Diskonto zeitenweise bedeutend zu erhöhen? Oder läßt er sich nicht regelmäßig vorher telegraphiren, auf welche Nummern die Haupttreffer fiel, und kennt er nicht die Inhaber dieser Nummern, und stehen ihm nicht Mittel und Wege zu Gebot, diesen Inhabern ihre Loose abzukaufen oder abzuschwatzen, oder auch abzunehmen, ehe die Gewinnlisten „per Post" ankommen? Er hat mehr und andere Leute auf seiner Seite, als sich der ehrliche Mann nur denken kann, und diese Leute scheuen kein Mittel, so ein Gewinnloos in die Hände zu bekommen, und wär' auch ein Bischen Raub mit im Spiele.

Auf diese Art macht der Broker wieder viel Geld, wenn er gleich mit seinen Spießgesellen theilen muß.

Die Hauptkunden des Brokers sind die Demi-monde, Neger und Commis. Unter den Commis zieht er diejenigen vor, welche die Schlüssel zur „Safe", d. h. zum Geldkasten haben. Diesen läßt er hie und da einen kleinen Gewinn zufallen, bis sie die Spielwuth so hingerissen, daß sie den „Schlüssel" benützen und von dem Prinzipal ohne dessen Willen „entlehnen", was sie auf andere Art sich nicht verschaffen können. — Gespielt muß sein!

Man sagt dem Exchangebroker nach, daß er sich hie und da dazu hergebe, den Hehler für gestohlene oder vielmehr für „gefundene" Banknoten zu machen. Das ist jedoch pure Lüge. Zu einem gemeinen Diebshehler giebt er sich nicht her. Aber wenn ihm Einer ein Paar Tausend Dollars in Bills zum Aufbewahren und nachherigem Umwechseln übergiebt, soll er's nicht nehmen? Und kann er dafür, wenn er den Tag darauf, wo die Zeitungen alle von einem frechen Einbruch und Banknotenraub erzählen, zufällig verhindert ist, die Zeitungen zu lesen? — Dieses „Nichtlesen" hat ihm schon viel Geld eingebracht, besonders wenn der Banknotenhinterleger flüchtig werden mußte und seine Bills nicht mehr zurückforderte. Kommt er aber wieder, nun so wird getheilt und — der Broker wird die Bills schon los, ohne daß Jemand merkt, woher sie kommen.

Man sagt ihm auch nach, daß er hie und da mit Kounterfeitern, d. h. mit Banknotenfälschern in Verbindung stehe. Und in der That sind schon Fälle genug vorgekommen, wo Leute vom Broker falsche Bills erhielten. Allein — kann sich ein Broker nicht auch täuschen? — Die Bills waren halt besonders gut nachgemacht!

Die Polizei hat dem Broker selten etwas an, und wenn sie je muß, so sagt sie's ihm vorher, und dann — schließt er seine Boutique zu und macht eine kleine Reise, bis die ganze Geschichte vertuscht ist.

Nicht wahr, eine ehrliche Welt, die New-Yorker Welt! Ein Trost ist's, daß es in Boston, in Baltimore, in New-Orleans, in Cincinnati, in Saint Louis, in Chicago, in ganz Amerika um kein Haar besser ist.

19.
Der Loafer.

Berlin hat seine Eckensteher, Neapel seine Lazzaronis und New-York seinen Loafer.

Loafer bedeutet auf deutsch einen Straßenlungerer, einen Herumläufer ohne bestimmte Beschäftigung. Mit der Zeit cultivirte er sich so, daß man jetzt unter Loafer einen jungen Mann versteht, der lediglich kein Geschäft treibt, als das, auf anderer Leute Kosten zu leben und gut zu leben, und der dabei stets auf der Straße herumlungert, um überall bei der Hand zu sein, wo es einen „Umstand", einen „Auflauf" oder etwas dergleichen giebt. Er ist eine specifisch-amerikanische Erfindung, denn anderswo giebt's zwar auch Bettler, Faullenzer und Diebe, aber Leute, die diese drei Eigenschaften zu Einer verbinden, dabei sich noch den Anstrich eines Gentlemen oder doch Particulier geben, und was die Hauptsache ist, eine politische Wichtigkeit haben, — solche Leute sind bloß in Amerika möglich.

Der Loafer ist ein Mensch von 16 — 40 Jahren und spricht nie ein anderes Wort, als ein englisches. Er ist stolz darauf, ein „geborner Amerikaner" zu sein, und blickt mit tiefer Verachtung auf die Dutchmen herab, die sich im Schweiße ihres Angesichts ihr Brod verdienen. Er kann vielleicht k a u m l e s e n und n o ch w e n i g e r ist er im Schreiben oder in sonstigen Wissenschaften zu Hause, aber — er fühlt sich als g e b o r e n e r A m e r i k a n e r. Nicht einmal die Eng-länder sind in seinen Augen ebenbürtig, obgleich er von d i e s e n herzustammen sich rühmt und nicht von den „Hocuspocusmännern", den Franzosen, oder den „Sauerkrautfressern", den Deutschen. — Doch sonderbar, so tief er die Deutschen verachtet, und so wahnsinnig hoch erhaben er sich über allem übrigen Menschen-trosse zu stehen dünkt, so sind doch nicht wenige Deutsche unter der edlen Zunft der Loafers; — und nicht blos Deutsche, die in New-York oder Amerika von deut-schen Eltern geboren wurden, sondern ächte, importirte, in Deutschland geborene Deutsche. Freilich sprechen auch d i e kein deutsches Wort und haben es sogar so weit gebracht, s i ch z u s ch ä m e n, daß sie in Deutschland zur Welt gekommen sind! Freilich v e r l ä u g n e n sie ihr früheres Vaterland und behaupten, in Amerika oder wenigstens in Pennsylvanien geboren zu sein! Aber doch war es n u r ein Deutscher, der es einmal so weit brachte, eine Art Loaferkönig zu werden in der guten Stadt New-York, und der seine Würde und seinen Einfluß beibehielt, bis er in Folge „eines Kampfes auf dem Felde der Ehre" d. h. eines Straßenkra-walls in Loaferinteressen seinen Geist aufgab! — Daß sich außer Deutschen auch viel irisches Gesindel unter die Loafers begeben hat und tagtäglich begiebt, versteht sich von selbst. D i e haben es gut machen, denn ihre Sprache verräth sie nur wenig!

Der Aufenthalt des Loafers ist hauptsächlich die Straßenecke. In der mittleren Stadt, wo natürlich die Population am stärksten ist, lungern an jeder Ecke ihrer zehn oder zwölf. Sie sind nie müßig, sondern trippeln stets mit den Füßen, wie wenn sie tanzen wollten, besonders im Winter, wenn sie Angst haben müssen, daß ihnen die Füße an den Boden gefrieren. Von Zeit zu Zeit verschwinden sie unter vielem Geräusch in dem Ecladen, vor dem sie stehen, denn dieser ist natürlich ein Schnapsladen. Nach kurzem Verweilen erscheinen sie aber wieder und trippeln wieder mit den Füßen oder vertreiben sich sonst die Zeit auf eine würdige Weise; z. B. damit, daß sie Zoten reißen, wenn ein Frauenzimmer vorbeigeht, oder daß sie einem Herrn ein Bein stellen, damit er hinpurzelt und dergleichen mehr. Wenn ein Deutscher vorübergeht —und ein Deutscher kann sich nicht blos wegen der Physiognomie, sondern schon wegen des Schnurrbarts nie verläugnen, — so darf er sicher sein, mit einem „Damned Dutchman" oder „Dutch Son" u. s. w. be-ehrt zu werden.

Die Hauptthätigkeit des Loafers beginnt mit dem Anbruch der Dunkelheit. Dann stellt er sich in der Nähe der Theater auf, oder wo sonst viele Menschen verkehren, und übt sich darin, den Herren die Uhr aus der Tasche zu practiciren und den Damen das Taschenbuch aus der Hand zu reißen. Liegendes Eigenthum liebt er nicht be-sonders, denn wie soll er dieses sich aneignen? Ein um so größerer Freund vom p e r s ö n l i ch e n Eigenthum ist er aber. Es mag dies bestehen, in was es will, es ist ihm gleich, wenn's nur leicht zu transportiren ist; denn hat Einer einen glücklichen Coup gemacht, so wirft er das Gestohlene sogleich einem Zweiten zu, da-mit man im Abfassungsfalle das corpus delicti nicht bei ihm findet. Uebrigens begnügt er sich nicht immer mit gewöhnlichem Taschendiebstahl, sondern er stellt sich hie und da auf die höhere Stufe des Räubers. Ein Raubanfall geschieht gewöhnlich erst nach Mitternacht, wenn das Gewühl auf den Straßen nachgelassen hat, und immer verbinden sich Drei oder Vier zu einem solchen. Sie stellen sich in einen Hausgang, passen, bis ein „Unschuldiger" vorübergeht, der Erste schleicht sich hinter ihn, und versetzt ihm eins mit der Bleischlinge, der Zweite dreht einen Knebel und steckt ihn dem Niedergeschlagenen in den Mund, der Dritte eignet sich Uhr, Börse, und was transportabel ist, zu, und in drei Minuten ist der ganze Spaß vorüber. Die Polizei kommt, wie sich in New-York von selbst versteht, zu spät, um die Diebe einzufangen; aber früh genug, um dem Beraubten den Knebel aus dem Munde zu nehmen. — Natürlich ist's hauptsächlich auf „Grüne" abgesehen, oder auf solche, die vom Lande kommen und sich in den Irrgängen des modernen Babylons noch nicht auskennen. Doch kommen sie manchmal an den Unrechten, die Herren Loafers, und dürfen dann für eine furchtbare Tracht Prügel und Ablieferung in's Zuchthaus nicht sorgen; für das Letztere sorgt der Richter. Hie und da thun sich auch noch mehr als drei oder vier Mal so Viele zusammen und machen sich ihrer Dreißig oder Vierzig an eine der städtischen Eisenbahnen, d. h. sie halten einen der mit Pferden gezogenen Eisenbahnwagen an, plündern den Konducteur, lassen sich von den Passagieren Uhren, Geldbeutel u. s. w. zur Aufbewahrung übergeben und verschwinden eben so schnell, als sie gekommen sind. Doch dies sind blos Ausnahmsfälle.

Die Erntezeit der Loafers ist die Zeit der Wahlen. Es mögen städtische Wahlen, oder Staatswahlen sein, das ist dem Loafer ganz einerlei. Er weiß, daß die verschiedenen Parteien sich den Sieg streitig machen und sich's ein gut Stück Geld kosten lassen, den Sieg zu erringen. An wen sollten sich nun die Herren Kandidaten vornehmlich wenden? An wen anders, als an die Zunft der Loafers? Durch deren Hülfe werden die „Ehrenmänner" in's Amt gebracht. Kann etwas mehr die Schmählichkeit der amerikanischen Wahlen charakterisiren, als diese unsauberen Hülfsmittel? — Da stehen sie nun von Morgens früh bis Abends spät an den Wahlurnen, die „amerikanischen" Herren Loafers und „schützen" das Wahlrecht, d. h., wer wider den Kandidaten stimmt, der sie gekauft hat, der darf sicher sein, Prügel zu bekommen! Freilich, wo eine gute Polizei ist, ziehen die Loafers den Kürzeren, aber lesen wir nicht alle Jahre, wie es hie und da bei den Wahlen zugeht? Um die Zeit der Wahlen haben die Loafers freies Spiel und frei Essen und Trinken und noch Geld dazu im Sack. — Und kann es Einen wundern, wenn ein auf d i e s e Art gewählter Stadtrath seine „Freunde", die Herren Loafers b e s c h ü t z t und ihnen wegen ihrer übrigen „Excentricitäten" das Jahr hindurch n i c h t s g e - s c h e h e n l ä ß t?

In Amerika gehört fast Jeder einer Loge, einer Guard oder einer anderen Association an. Natürlich dürfen die Loafers hierin nicht zurückbleiben, deßwegen bilden sie besondere Loaferklubs mit Statuten, Präsidenten, Sekretären und Kassierern, so gut als eine andere Gesellschaft. Hie und da gerathen solche Loaferklubs mit einander in Feindschaft und dann wird der Hader auf der Straße ausgefochten. Es sind dies förmliche Loaferschlachten, in welchen Pistolen und Revolvers eine Hauptrolle spielen. Natürlich gehen dabei immer einige Menschenleben darauf, allein meistens trifft's Neugierige oder Vorübergehende und der Loafer selbst kommt ungeschlagen davon.

Von Religion und Kirche weiß der Loafer Nichts. Dagegen hat er, wie jeder Amerikaner, zwei Hauptfesttage: den 4. Juli, oder die Feier der Unabhängigkeits-Erklärung der „Vereinigten Staaten", und den 1. Januar, das Neujahr. Diese zwei Tage begeht der gewöhnliche Amerikaner mit Schießen, Trinken, Festessen, Parade-ausrücken, Illuminiren und Feuerwerken. Der Loafer aber ist auch an diesen zwei Tagen exclusiv. Er benutzt sie nämlich dazu, daß er von Morgens früh bis Abends spät in allen, besonders deutschen, Wirthshäusern herumläuft, überall ißt und trinkt, Nichts dafür bezahlt und aus Dankbarkeit die Gläser, Spiegel, Möbel u. s. w. zusammenschlägt. Natürlich wagt sich diese „Heldenjugend" Amerika's nur in „starken Banden" in ein Wirthshaus und auch dann nur, wenn sie sieht, daß gerade wenig Leute d'rin sind; denn im Allgemeinen ist Kraft und Tapferkeit so wenig Sache des Loafers, daß zwei deutsche Fäuste schon ihrer Zehn oder Zwölf in die Flucht gejagt haben! — An diesen zwei Tagen läßt sich natürlich die Polizei noch seltener sehen und — die Deutschen in großen Städten halten sich meist zu Hause oder machen sie eine Landpartie. Dem Loafer bleibt das Feld offen!

So ist das Leben des Loafers. Er theilt seine Zeit ein in Rauchen, Eckenstehen, Politisiren, Trinken, Pferderennen, Raufen, Theatergehen und — Stehlen. Letzteres gewährt ihm den Lebensunterhalt. Glaube aber ja nicht, daß der Vater des Loafers ein Taugenichts und seine Mutter eine Bettlerin war. Gott bewahre! Seine Eltern nehmen vielleicht gerade nicht die geringste Stellung in der menschlichen Gesellschaft ein, aber die Erziehung ist etwas „frei" in Amerika und das Söhnlein zog es vor, auf „eigene Faust" sein Leben zu machen, statt in der „Lehre", wohin ihn der Vater gethan. Glaube aber nicht, daß der Loafer von seinen Landsleuten verachtet wird. O gewiß nicht! Schon oft und viel haben Männer die jetzt Eh-renämter bekleiden, Männer von hohen Würden und Ehren, Jahre lang Loafe-rei betrieben, ehe sie zu ihrer jetzigen Lebensweise übergingen; denn die amerika-nische Jugend fühlt fast durchaus einige Neigung zur „Ungebundenheit" in sich, und wo wäre die Ungebundenheit mehr personificirt, als im Loafer? Aus dem Loafer kann Alles werden! Der höchste Beamte, oder ein Kandidat für den Galgen.

20.
Der Boardingwirth.

Der Boardingwirth ist ein Mensch, der den Leuten, die zu frühstücken, Mittag zu essen, Abend zu speisen und zu schlafen gewohnt sind, Gelegenheit giebt, allen diesen Gewohnheiten obzuliegen. Nebenbei können sie auch Wein, Bier und Schnaps von ihm beziehen, wie von irgend einem andern Kneipier.

In Amerika ist's nicht Sitte, daß der Boß, d. h. der Meister oder Arbeitgeber, seine Gesellen in Kost und Logis hält. Nicht einmal die Lehrjungen behält er bei sich im Hause, er müßte denn besondere Gründe dazu haben. So ist der Schreinergeselle so gut, als der Schlosserjunge, der Schneider so gut als der Schuhmacher, der Gold-arbeiter wie der Gürtler, der Posamentier wie der Polsterer, der Zimmermann wie der Bildhauer, der Maler wie der Grobschmied, — kurz alle und jede Arbeiter, sie mögen heißen, wie sie wollen, sind darauf angewiesen, zu heirathen oder in ein Boardinghaus zu gehen. — In Deutschland machen es die Arbeiter, die nicht beim Arbeitgeber essen und logiren, anders. Sie miethen sich ein Stübchen, machen ih-ren Kaffee selbst, essen in einer Restauration oder in einem Gasthause zu Mittag und soupiren im Bierhause. Das geht in Amerika auch, aber nur für Einen, der nicht viel zu thun hat und statt fünf Dollars für Boarding, d. i. für Kost und Logis, gerne das Dreifache ausgiebt! Denn eine einzelne Mahlzeit in der Restauration steht immer doppelt so hoch, als das ganze abonnirte Essen im Boardinghause! Und vollends seinen Kaffee selbst machen, wo der Arbeiter präcis 7 Uhr an der Arbeit sein muß! Eine Minute später, und es wird ihm ein Vierteltag abgezogen! — Nein, da geht er lieber in Board.

Und ein prachtvolles Leben ist's, das Boardinghausleben, halb Familienleben, halb Gasthofleben, von jedem Etwas, aber nicht gerade das Beste!

Der Boardingwirth miethet immer ein ganzes Haus, wo möglich in der Nähe von Fabriken oder großen Arbeitslokalen, denn die Herren Arbeiter lieben es nicht, allzuweit zu gehen. Er wählt nicht gerade das Schönste, wohl aber das Geräumigste und Wohlfeilste. Auf die Feinheit und Noblesse der Straße und Nachbarschaft kommt's ihm dabei nicht an. Die Hauptsache ist: viel Platz, wenig Hauszins, und eine gelegene Gegend.

Die Einrichtung eines Boardinghauses ist sehr einfach. Ein Wirthschaftszimmer, das zugleich als Speisezimmer für die Herren Boardinger benutzt wird; eine Küche mit Rauge, damit man für dreißig Mann in einem Kessel kochen kann; Schlafzimmer, so viel als möglich und in jedem Schlafzimmer so viel Betten als möglich; für jeden Mann einen Stuhl, ein Waschbecken, ein Handtuch; vielleicht für je zwei Mann ein Gefäß für einen bestimmten Gebrauch und für drei einen Tisch: für Alle, die zusammen in einem Zimmer sind, ein Spiegelchen und einen Kleiderrechen. Das ist die ganze Einrichtung. Will Einer ein besonderes Zimmer für sich, so hat er auch besonders dafür zu zahlen! — Die Betten sind sehr einfach, ächt republikanisch, vielleicht hie und da spartanisch: eine alte Bettlade, ein Strohsack, eine Seegrasmatratze, ein Kopfkissen und ein Teppich zum Zudecken. Das ist Alles. — Im strengen Winter ist daher der Herr Boardinger genöthigt, wenn er nicht erfrieren will, die Bettwärme vermittelst einiger alter Kleidungsstücke zu unterstützen. In einigen bessern Häusern ist man übrigens jetzt so weit gekommen, daß Federbetten angeschafft worden sind, und — natürlich bei der Anzeige des Boardinghauses in der Zeitung wird ein solcher Empfehlungsbrief nie vergessen!

Eine besondere Abart von Boardinghäusern sind die Privatboardinghäuser und die Schneider- und Schuhmacherboardinghäuser. Die Privatboardinghäuser halten keine öffentliche Wirthschaft, sondern das „Familienzimmer" ist zugleich der Speisesaal der Boardinger; sie werden meist von heirathsfähigen Wittwen oder Wittwen mit heirathsfähigen Töchtern gehalten. Die Boardinghäuser für Schneider und Schuhmacher enthalten Sitzplätze, d. h. sie sind für Schneider und Schuhmacher, die zu Hause „auf Stück" arbeiten. Das Zimmer mit den Sitzplätzen vertritt dann die Stelle des Wirthschaftslokals. — Noble Boardinghäuser, wo die Preise von zehn bis zwölf Dollars die Woche variiren, erhalten ein Gesellschaftszimmer, „Parlor" genannt, mit einem Piano, auf dem sich die Tochter des Hauses Abends hören läßt und schmachtende Lieder dazu singt.

Der Boardingwirth ist der geplagteste Mensch von der Welt. Morgens früh sechs Uhr muß der Kaffee auf dem Tische stehen, denn die Herren Boardinger gehen um ½7 aus dem Hause, um vor dem Schlag 7 Uhr an der Arbeit zu sein. Mittags Schlag 12 Uhr muß das Essen parat sein, und wehe ihm, wenn die Suppe versalzen oder das Rindfleisch nicht gar ist. Nachts aber kommt er vollends nicht zur

zur Ruhe, denn der Herr Boardinger kommt nach Hause, wenn es ihm beliebt, und wenn die Hausthür schellt, so muß geöffnet werden. Er hat ja seinen Hausschlüssel vergessen! — Der beste Tag für den Boardingwirth ist der Samstag, denn das ist der Zahltag. Die Herren Boardinger haben ihren Wochenlohn eingenommen und nun wird auch das Geld für Kost und Logis bezahlt, falls es dem Herrn Boardinger so beliebt, denn das Zahlen ist nicht immer seine Haupleideuschaft.

Der Boardinger ist nämlich ein ganz eigener Mensch. Er besteht so zu sagen aus Loben und Schimpfen. Er lobt nicht etwa seinen eigenen Boardingwirth, sondern im Gegentheil a l l e   a n d e r e n Boardinghäuser, und läßt sich sogar in Specialitäten darüber ein, wie gut, wie reinlich, wie manierlich Alles dort ist; umgekehrt aber schimpft er über Alles im e i g e n e n Boardinghause, und auch hier läßt er sich auf Specialitäten ein, denn Nichts ist ihm gut genug, weder das Bett, noch die Kost, noch die Bedienung. Kommt er von seinem jetzigen Boardinghause in eines der andern, seither so sehr von ihm Belobten, so schimpft er über l e t z t e r e s und ertheilt sein Lob dem f r ü h e r G e s c h i m p f t e n.

Eine weitere Haupteigenschaft des Boardingers ist, daß er zu Hause bleibt, wenn er kein Geld hat. Dann pflanzt er sich hemdärmelig im Wirthschaftszimmer auf, spielt Karten und vertreibt durch sein „ungenirtes" Wesen alle anderen Gäste, weil er das Wirthschaftszimmer als das ausschließliche Eigenthum der Herren Boardinger betrachtet. Natürlich trinkt er zu Hause auf „Rechnung". Am Samstag ist ja Zahltag! — Hat der Boardinger aber Geld, baar Geld, so halten ihn keine vier Gäule zu Hause. Das baare Geld muß in einem anderen Wirthshause vertrunken sein! — Es langt übrigens nicht lange, das baare Geld, gewöhnlich von Samstag Abend bis Montag Mittag, dann wird solid gelebt, zu Hause geblieben und auf Pump getrunken.

Die letzte und größte Haupteigenschaft des Herrn Boardingers ist, daß er den Boardingwirth anpumpt und dann darum betrügt. — Es existirt nämlich in Amerika das Gesetz, daß man Niemanden wegen Eß- und Trinkschulden verklagen kann, so wenig als wegen rückständiger Miethe. „Laß' Dich baar oder im Voraus bezahlen", sagt das Gesetz, „so kommst Du um Nichts." Der Herr Boardinger liebt's aber nicht, zum Voraus zu bezahlen. „Soll e r, der seine zehn oder zwölf Dollars in der Woche verdient, nicht einmal so viel Kredit besitzen?" — Da sei Gott vor. In einem s o l c h e n Boardinghause möchte er nicht verkehren! So hat er also Kredit, der Herr Boardinger, natürlich nur auf Eine Woche; aber — er ist jetzt seit sechs Wochen im Hause und hat immer regelmäßig bezahlt, und in der siebenten Woche bekommt er selbst kein Geld vom Boß, oder wird krank, oder kommt außer Arbeit, willst Du ihn jetzt hinauswerfen, weil er e i n e Woche länger schuldig bleibt? Das kann man doch auch nicht und so behält ihn denn der Boardingwirth eine, zwei, drei Wochen und noch länger auf Kredit und die Summe wächst auf fünfzig und mehr Dollars an. Was willst Du nun thun? Nicht länger borgen? Dann nimmt er seine Kleider und empfiehlt sich, um Dich nicht mehr heimzusuchen, und Dein Geld ist verloren. Ihm gute Worte geben? Dann behandelt er Dich am Ende wie der Student seinen Pudel und giebt Dir einen Tritt, wenn nicht mit den Füßen, doch mit den Worten. Oder gar keinen Kredit geben, wenn Eine Woche nicht bezahlt wird? Das ist am Ende noch das Beste, denn dann geht doch nur das Kostgeld von E i n e r Woche verloren, aber — Du wirst als ein Grobian und Geizhals verschrieen.

Geld muß er verlieren, der Boardingwirth, er mag's machen, wie er will. Und kündigt er gar vollends einem der Herren Boardinger auf, weil dieser sich vielleicht unanständig benommen, dann darf man darauf zählen, daß Drei oder Vier auf einmal bei Nacht und Nebel sich davon machen und natürlich dabei vergessen, nach ihrer Rechnung zu fragen.

Aber der Wirth kann ja die Kleider und Mobilien behalten? Nicht einmal dieses. Es hat Niemand das Recht, sich selbst zu pfänden und wenn der Wirth Kredit gegeben hat, so that er's auf eigenes Risico. So bald der Boardinger klagt, müssen die Kleider und was sonst inne behalten wurde, verabfolgt werden. Der Boardinger klagt aber selten, denn er läßt, wenn er durchbrennen will, nichts zurück, als einen leeren Mantelsack oder einen noch leereren Koffer. An alten Koffern leidet daher der Boardingwirth keinen Mangel. Das baare Geld aber steckt im — Buche. — Und wie gerne würde der Wirth das noch verschmerzen, wenn nicht auch so Viele darunter wären, die nicht aus Geldmangel durchbrennen, sondern nur um zu betrügen! Doch — Ein Trost ist dem Boardingswirth geblieben. Er kann die Herren Schuldenmacher öffentlich in der Zeitung auffordern! Und er thut es auch, wenn er gleich die Einrückungsgebühren aus seinem Beutel zahlen muß, er hofft, daß doch noch Mancher Ehrgefühl im Leibe hat. Viele aber sind auch darüber hinaus, das sind die, welche auf's „Boardingwirthbetrügen" reisen. — Was liegt denen an einer öffentlichen Blamage?

Wenn der Boardingwirth ein Mann von Temperament ist, so ärgert er sich die Schwindsucht an den Hals. Ist er ein Mann von Ueberlegung, so giebt er das Boardinghaushalten schon nach dem zweiten Jahre auf.

Die Boardingwirthin sieht man selten; sie residirt in der Küche. Ihre größte Noth sind die Dienstmädchen und die Wanzen, welche beide wenigstens Eine Aehnlichkeit miteinander haben; die Dienstmädchen haben nämlich keine Ruhe vor den Boardingern und die Boardinger keine vor den Wanzen. — Alle acht Tage hält die Boardingwirthin großen Wanzenvertilgungstag; alle vier Wochen wechselt sie mit den Dienstmädchen.

21.

Der Pawnbroker.

Der Pawnbroker ist ein Mann, der auf Pfänder leiht. — In Amerika hat ein concessionirter Pfänderleiher das Recht, fünfundzwanzig Procent Zinsen zu verlangen. Dagegen hat er die Pflicht, das versetzte Gut ein Jahr lang zur Wiedereinlösung parat liegen zu lassen. Von dem Rechte macht er ohne Umstände Gebrauch, nur ärgert er sich über den niedrigen Zinsfuß. Von der Pflicht nimmt er hie und da Umgang, aber nur bei Leuten, von denen er denkt, sie werden ihn nicht mit Klagen behelligen, denn eine Klage scheut er, wie der Dieb das Criminalamt und — es wäre gar kein Spaß, wenn ihm das Recht, auf Pfänder zu leihen, entzogen würde. — Ein Pawnbroker muß nämlich einen Erlaubnißschein vom Mayor und Stadtrath lösen und zahlt jährlich dafür fünfundzwanzig Dollars. Der Erlaubnißschein kann aber keinem Bürger verweigert werden, wenn er nicht etwa schon wegen Diebshehlerei oder aus sonst einem anderen Grunde im Zuchthause saß.

Der Pawnbroker leiht auf Alles Geld, auf Kleider so gut, wie auf Leinwand, auf

silberne Löffel wie auf goldene Uhren. Doch zieht er Gold und Silber Allem andern vor. Sein Laden, der immer in einer stark bewohnten Straße liegt, ist voll-
gepropft mit kleinen Packeten, die wohl verpackt und mit einer Nummer versehen
in den Fächern liegen. Für die Ketten, Ringe, Uhren, Löffel und sonstige Schmuck-
sachen hält er sich eine Safe. Vor der Ladenthür hängen statt des Schildes drei
vergoldete Kugeln; dies ist das Zeichen, daß hier ein offener Geldbeutel zu finden ist.

Der Pawnbroker steht den ganzen Tag von früh acht Uhr bis Abends sechs Uhr
hinter seinem Ladentische, der gegen alle Angriffe erbitterter Kunden durch große
starke Gitter wohl verwahrt ist, und seine Ehegesponsin theilt sich schwesterlich mit
ihm in's Geschäft; die zwei Personen haben den ganzen Tag über genug zu thun.
Er, der Herr des Hauses, nimmt sich mehr der Geschmeide, der Metallsachen an.
Ein Pawnbroker riecht schon, was gut Gold oder Silber ist. Sie, die Dame des
Hauses, richtet ihre Aufmerksamkeit den Kleidungsstücken, dem Bettzeug, den leine-
nen Artikeln zu und ihre Zunge steht nie still von in der Früh bis in die Nacht.
Es ist, wie wenn das bis jetzt unentdeckte Perpetuum mobile drin stecke! Und
wie schlecht macht sie die Artikel, die ihr zum Versatz gebracht werden! Wie ver-
dächtlich wirft sie dieselben auf die Seite und bietet vielleicht den achten Theil des
wirklichen Werthes darauf! Und wie still vergnügt lacht sie in sich hinein, wenn
sie einer alten halbverhungerten Wittwe auf einen Shawl, der vielleicht seine
zwanzig Thaler kostete und jetzt noch seine zehn Thaler werth ist, — Einen Thaler,
sage Einen Thaler bot und wenn das Gebot angenommen wurde! Sie weiß gar
wohl, daß die armen Leute selten dazu kommen, versetzte Gegenstände wieder ein-
zulösen!

Darin steckt eben der Profit. Wie könnte ein ehrlicher Pfänderleiher sich sonst
mit lumpigen fünfundzwanzig Prozent begnügen? Da braucht man ja viel zu
lange, um reich zu werden! — Aber die nicht eingelösten Waaren, die sind's
die dem Pawnbroker im Kopfe stecken.

Allerdings kommen in Amerika Leute dazu, etwas zu versetzen, bei denen man es
in Deutschland für unmöglich halten würde. Mancher Arzt, der jetzt jährlich
seine 3000 Dollars einstreicht; mancher Kaufmann, der jetzt für Fünfzigtausend
jährlich importirt; mancher Privatier, der jetzt vom Ertrag seiner Häuser lebt,
war vielleicht vor wenigen Jahren noch in der Lage, seine Kleinodien und die Kleinodien seiner Frau zum Pawnbroker tragen zu müssen. Für gar Manchen kommt
in Amerika eine Zeit, wo er in augenblickliche Verlegenheiten kommt, und sich nicht
anders zu helfen weiß, als zum Pawnbroker zu gehen; denn wo sollte er sonst Hülfe
herbekommen? Vom Freund Nachbar, oder vom Vetter und Onkel? Prosit die
Mahlzeit; die Nachbarschaft und Freundschaft hat ein Ende; geborgt wird nur in
Geschäftsangelegenheiten und nur in Waaren! — Nun, diese Versatzettel
werden wieder eingelöst; aber die Versatzettel der Armen, die Versatzettel der
Arbeiter! Da bessern sich die Zeiten nicht so schnell, daß man in wenigen Monaten ein kleines Kapital ersparen kann, und wie mancher Trauring, wie mancher
vom Taufpathen in Deutschland noch herrührende silberne Löffel wandert zum
Pfänderverleiher, um von diesem nach Jahresfrist mit hundert Procent Nutzen
versteigert zu werden!

Je schlechter die Zeiten, um so mehr freut sich der Pawnbroker. — Wenn die
Geschäfte gehen und Jedermann zu thun hat, dann besteht seine Kundschaft aus
liederlichem Gesindel, aus trunksüchtigen Weibern, aus bankerottirenden Vaga-

bunden und Bummlern. Aber wenn eine Geschäftskrisis kommt, wenn die Banken brechen, wenn das „Stoppen" beim Arbeiter einreißt, dann ist s e i n e Ernte-zeit. Ei, wie es da mit neuen Kleidern, mit guten Betten, mit goldenen und sil-bernen Uhren regnet! Sein einzig Gebet ist um diese Zeit, daß der liebe Gott noch eine kleine Hungersnoth dazu senden möge, damit man vollends A l l e s zum Pfänderverleiher tragen müsse! — Und wie brutal wird er um eine solche Zeit! Sonst war er froh mit einem wollenen Unterleibchen, und gab doch seinen Schilling darauf; jetzt befaßt er sich mit Kleinigkeiten und Lappalien gar nicht mehr. Nur Gold und Silber ist wieder Gold und Silber werth! Höchstens kann er noch von seinem Porcellan oder Aehnlichem Gebrauch machen! — Es ist ein komisch Ding, um die Menschen. Geht's ihnen nach Wunsch, so werden sie übermüthig; und geht's ihnen konträr, so wollen sie gleich verzweifeln.

Die Hauptbesucher der Pawnbroker sind die Irländer. Dies Volk weiß nicht zu sparen, nicht zu rechnen. Zum Versetzen haben sie aber auch nicht viel, denn ein irländischer Hausrath geht bequem auf einen Hauskarren; aber — Brandy muß her, und wenn die Schmorpfanne in's Pfandhaus wandern muß.

Die l i e b s t e n Besucher sind dem Pfänderleiher die Herren von der Langfinger-zunft. Er kennt sie wohl, diese Herren: er sieht's Jedem, der dazu gehört, schon von Weitem an; mit Manchem steht er auch in jahrelanger, freundschaftlicher Ver-bindung. Diese Herren bringen ihm keine alten Kleider und noch weniger altes Bettzeug; die bringen Ballen Tuch und ganze Stücke Seide. Die bringen keine halbabgerissene sechskarätige Hemdknöpfchen oder vergoldete messingene Uhren; die bringen die Ketten und Geschmeide dem Hundert nach und die schweren Ankeruhren dem Dutzend nach. — Er weiß wohl, daß er etwas riskirt bei dem Handel; aber er weiß auch, was profitirt wird. Er weiß wohl, daß d i e Artikel nicht gefunden werden dürfen, wenn die Polizei nachforscht; aber er weiß auch, daß die Pfandzettel für s o l c h e Artikel nicht aufbewahrt werden, und darum ist er weit entfernt, diese Dingerchen länger als einen Tag im Hause zu behalten, wie viel weniger ein ganzes Jahr, wie es seine Pflicht und Schuldigkeit wäre! Kommt dann die Polizei, und forscht nach dem und dem gestohlenen Gut: er hat's nicht. Welch' Unglück, wenn er's hätte! Er müßt's ja wieder herausgeben! — Darum ist der Pawnbroker sein vorsichtig und sieht es sehr gerne, wenn die Herren von der „Vorliebe zu frem-dem Eigenthum" nicht bei hellem Tage, sondern Abends u a ch der Geschäftsstunde kommen. Einen gewöhnlichen Kunden würde er um diese Zeit fortjagen, aber s o l c h e Gäste muß man zuvorkommend behandeln! Zweihundert Prozente in vierundzwanzig Stunden gewinnen, ist keine verachtungswerthe Eigenschaft! Dem-zulieb kann man wohl das Gas noch einmal anzünden!

Der Pawnbroker ist in wenigen Jahren ein reicher Mann. Dann kauft er sich ein Haus in einer feinen Straße und spielt dort Sonntags den vornehmen Herrn. Am Werktag ist er in seiner Pfänderbude, denn die giebt er nicht so leicht auf. Ein besseres Geschäft giebt's nicht! Ob auch ein angenehmes? Für ein fühlen-des Herz, für Jemand, der Mitleid mit der Noth und dem Elend seiner Mitmen-schen hat, jedenfalls nicht. Wie viel Thränen hängen an den Gegenständen, die einem Pfänderverleiher gebracht werden; wie viel Kummer ging dem schweren Schritt zum Pawnbroker voraus; doch darum kümmert er sich wenig, sein Herz ist nur eine Rechenmaschine und von einer Steinkruste umgeben.

22.
Der Zeitungsschreiber.

Er war früher Parlamentsmitglied; — Oppositionsabgeordneter; — Herausgeber eines von Bundeswegen verbotenen Blattes; — Mitglied der akademischen Legion; — er hatte auf dem Asperg, in Spandau oder sonst im sicheren Gewahrsam gesessen, — oder hatte sich sonst in der Politik mißliebig gemacht, — wurde mit Steckbriefen verfolgt oder gar in contumaciam zum Tode verurtheilt; — so sagt er selbst, rühmt sich dessen und thut sich etwas darauf zu Gute, wenn er's schwarz auf weiß nachweisen kann — nämlich gedruckt.

Oftmals und vielmals ist es so, wie er sagt und es ist ein hartes Brod, das er dann ißt, — das Brod eines politischen Flüchtlings. Oftmals und vielmals steckt noch viel mehr im Hintergrunde, als er sagen mag. Er hatte vielleicht ein liebes Weib und liebe Kinder und das Weib starb aus Bekümmerniß und die Kinder sind — aufgehoben bei Verwandten. Oder er war ein vermöglicher Mann, der gemächlich von dem „Seinigen" leben konnte, und jetzt ist das „Seinige" Eigenthum des Staates geworden, — konfiscirt infolge der Revolution. Oder er war ein hochangesehener Beamter in seiner Vaterstadt und Hunderte richteten sich nach seinem Ausspruch, und jetzt?! — jetzt redigirt er eine deutsche Winkelzeitung in einer Ecke Amerika's! — es ist ein hartes Brod, das Brod eines politischen Flüchtlings! — Aber auch oftmals und sogar noch viel öfter ist's nicht so, wie der Zeitungsschreiber sagt; er war nie ein politischer Flüchtling, überhaupt eine politische Persönlichkeit, sondern er sollte wegen Betrügereien in's Zuchthaus gesteckt werden, oder hat wegen ähnlicher Verbrechen gesessen; — oder er war ein gottseliger Wortesgottprediger im alten Vaterlande, oder sollte vielmehr ein „gottseliger" sein, und mochte sich zu „weltselig" und spendete den jungen Damen zu viel Aufmerksamkeit oder stieg auch noch tiefer herunter und wurde aus dem Klerus gejagt und ging — nach Amerika; — oder er war ein Beamter, den man aus irgend einem Grunde absetzte; — oder er hatte eine unversiegbare Studentengurgel, deren Durst der gute Vater nicht mehr löschen wollte; — oder es hatte irgend sonst einen Haken, und der Zeitungsschreiber weiß recht wohl, daß er lügt, wenn er sich für einen politischen Märtyrer ausgiebt und seine näheren Bekannte wissen's auch recht wohl, aber sie mögen's nicht sagen aus Angst, er könnt's ihnen eintränken in seinem Blatte; denn eine Zeitung ist eine Macht in Amerika, und nicht bloß in Amerika, sondern überall, wo die Menschen daran gewöhnt sind, Gedrucktes zu lesen und an das was geschrieben steht, zu glauben.

Das weiß das Publikum recht wohl, und der Zeitungsschreiber weiß es auch; und das tröstet ihn bei allen seinen Bedrängnissen, und der Bedrängnisse sind nicht wenig.

Da ist zuerst die Bedrängniß der Besoldung, und eine große Bedrängniß ist's. — — Der Zeitungsschreiber braucht viel Geld, schon weil er viel unter die Leute gehen muß, um Neuigkeiten zu erfahren. Er braucht viel Geld, weil er genöthigt ist, seinen Umgang, seinen Anzug, seine Wohnung nach den Besuchen zu regeln, die er empfängt. Die Besoldung aber ist nicht groß und will hinten und vornen nicht zureichen. Wohl zahlen größere Blätter in den größeren Städten ihren Redakteuren und Mitarbeitern ein auskömmliches Gehalt, aber in den kleineren Städten und bei kleineren Blättern muß sich der Herr Redakteur mit einem Solde begnügen, den ein mäßiger Handwerker mit Entrüstung abweisen würde, aber der Redakteur ist ja auch nicht mehr, wie ein Arbeiter, wenigstens in den Augen des Herausgebers und Eigenthümers. Oft ist er nicht einmal so viel werth, denn ein guter Arbeiter ist schwer zu bekommen, derlei Zeitungsschreiber aber laufen zu Dutzenden brodlos herum und die Schlingel müssen froh sein, wenn der Eigenthümer ihnen nur etwas zu nagen giebt. Noch übler ist der Zeitungsschreiber daran, wenn er den Herausgeber und Eigenthümer ja selbst den Redakteur spielt; dann ist er Eigenthümer, Redakteur, Expeditor, Setzer, Drucker, Colporteur und Laufbursche in Einer Person, und macht in allen diesen sieben Eigenschaften in kurzer Zeit Banquerott. — So ist's!

Da ist dann weiter die Bedrängniß der Politik. — Der arme Mann, der Zeitungsschreiber, war eine Zeit lang ohne Stelle; eine solche wird vacant, der Zeitungsschreiber fragt nicht lange, „was für eine Stelle;" er ist froh an jeder Stelle. Er greift zu, er wird engagirt. Aber bisher hat er für die „Demokratie" gewirkt, und das Blatt, das er jetzt redigiren soll, wirkt für die „republikanische" oder gar für die „Knownothing-Partei". Was kümmert sich das Publikum, was kümmert sich der Eigenthümer darum, was der Redakteur für Privatansichten in seinem Herzen trägt? Jetzt ist er Redakteur einer republikanischen, einer Knownothing-Zeitung und in diesem Sinne muß er schreiben, oder er wird fortgejagt. Freilich ist's eine harte Nuß zum beißen für einen „ehrlichen" Mann (und gerade deswegen für so manchen Zeitungsschreiber keine harte Nuß), aber soll er seine Kinder halb Hunger sterben lassen? Freilich fallen nun die anderen Blätter über ihn her, als über einen Abtrünnigen und heißen ihn Alles, — nur keinen Edelmann; aber was thut's? Schimpfworte sind immer noch keine Prügel und — er kann ja wieder schimpfen. Und das thut er denn auch weidlich, und um so ärger, je mehr er innerlich fühlt, daß er eigentlich ein grundschlechtes Subjekt ist, aber doch nicht schlechter, als sein Collegе von der entgegengesetzten Partei, der seine Grundsätze schon ein halb Dutzendmal gewechselt hat, während er es erst zweimal that. — So ist's!

Da ist dann noch eine dritte Bedrängniß, und keine kleine Bedrängniß ist's, die Bedrängniß der Abonnenten. Der Zeitungsschreiber ist nicht engagirt, um Abonnenten zu verlieren, sondern um Abonnenten zu machen, denn Abonnenten sind Geld. Da kommt der Herr Eigenthümer und Boß in die Office. „Fünfundzwanzig Abonnenten haben abgesagt," rapportirt der Clerk. — Teufel, fünfundzwanzig Abonnenten sind keine Kleinigkeit, und wenn's so fortgeht, so ist die Zeitung in vier Wochen ruinirt. Und wer ist Schuld? Das Papier ist nicht Schuld, denn das ist dasselbe, wie seither; — der Druck ist auch nicht Schuld, denn die Lettern sind sich so ziemlich gleich geblieben; — die Zeitungsträger sind auch nicht Schuld, denn denen muß ja daran liegen, so viel Abonnenten zu haben, als nur möglich. Wer ist also Schuld? — Niemand anders als der Zeitungsschreiber. „Hah! da liegen ja Briefe in Masse; die werden Aufklärungen geben." Die Briefe werden aufgerissen. „Richtig, da haben wir's. Der letzte Artikel über die Plattform der Gegenpartei; hab's doch gleich gesagt, war viel zu zahm und viel zu flau. Der Mann hat keine Force, kein Feuer, keine Energie. Der Kerl ist lungenlahm. Muß auf einen anderen Mann denken." Und fort stürzt der Herr Boß zum Zeitungsschreiber und überhäuft ihn, nicht mit Vorwürfen, aber mit Schimpfworten, an denen sich kein Longshoreman zu schämen hätte. — Man sieht, der Zeitungsschreiber hat einen harten Stand, denn zur selben Zeit, da auf der Expedition die Absagebriefe wegen des zu „zahmen" Artikels ankamen, erhielt er selbst ein Dutzend anderer Briefe, die ihn tadeln, weil jener Artikel zu scharf, zu bissig, zu verletzend gewesen sei. Und so geht's fort, von Tag zu Tag, von Woche zu Woche. — So ist's!

Doch jedwedes Ding hat zwei Seiten und auf Regen folgt Sonnenschein, außer in Kamtschatka, wo's immerfort schneit. — So hat das Zeitungsschreiberhandwerk auch seine Fidelitäten und Annehmlichkeiten.

Da ist Nummer eins der reiche Fabrikant. Er hat ein neues Fabrikat; muß in die Welt hinaus und — ein Artikel in der Zeitung kann viel thun. Die Eingeweihten kennen sie wohl, diese Lockvögelartikel, aber der Eingeweihten sind gar wenige — und der Fabrikant läßt sich's daher was kosten, daß so ein Lockvogel losgelassen wird, denn das große Publikum hält Alles für baare Münze, was in den ebitoriellen Spalten steht. — Da ist Nummer zwei der Doktor N. N. Er ist noch nicht recht bekannt, der Herr Doktor, seine Praxis hat eine Null vor dem Eins, nicht hinter dem Eins. Aber der Herr Doktor versteht den Rummel, und der Zeitungsschreiber wird sein Dutzfreund und einem Dutzfreund kann man schon mit einem kleinen Darlehen aushelfen. — Da ist Nummer drei der Wirth und Weinhändler. Ein kleiner „Lockvogel" über den soeben frisch importirten Ungarwein, das non plus ultra der Weine, ist schon ein Dutzend Flaschen werth, und — der Zeitungsschreiber hat, wenn auch kein Geld, doch Wein im Keller. — Da ist Nummer vier das Theater und in jedem Städtchen befindet sich ein Theater. Der Zeitungsschreiber hat natürlich freies Entrée; eben so natürlich kennt er jeden Schauspieler und Sänger, jede Schauspielerin und Sängerin, und wenn er sie nicht kennen sollte, so sorgen die Schauspieler und Schauspielerinnen schon von selbst dafür, daß er sie kennen lernt. Freilich Geld haben die Herren Schauspieler keins, aber Kredit haben sie wenigstens beim Cigarrenhändler, und dem Zeitungsschreiber fehlt's daher nie an Cigarren. Geld haben auch die Schauspielerinnen keins, oft nicht einmal die Sängerinnen, aber sie sind sonst von der Natur nicht vernachlässigt und die Gaben Gottes darf man nicht verschmähen, denkt der Zeitungsschreiber. Es ist nur Ein Haken dabei: loben darf der Zeitungsschreiber so viel er will, aber — für das Tadeln giebt's keine Gaben Gottes und keine Cigarren, sondern — Prügel, oder das Entziehen des freien Entrée's.

So giebt's noch viele Numeros für die Zeitungsschreiber; die Hauptnumero ist aber die „Wahlnumero". — Gott sei Dank, in Amerika geht die Wahlnumero nie aus. Jetzt sind Gemeindebeamte zu wählen, ein Mayor, Aldermänner, Councilmänner, ein Comptroller, Sheriff und wie sie alle heißen. Das Jahr darauf finden die Staatswahlen statt: ein neuer Gouverneur, ein Vicegouverneur, die Senatoren und Abgeordnete zur Legislatur, die verschiedenen Richter u. s. w. u. s. w. Wieder ein Jahr darauf geht's an die Wahl eines Präsidenten der Vereinigten Staaten, eines Vicepräsidenten und der Kongreßmitglieder. — Ho! das ist eine gloriose Zeit, diese Zeit der Wahlen! Da kann für das Wohl des Volkes gesorgt werden! Da können die Fehler aufgedeckt werden, die dieser Kandidat an sich hat, und die Tugenden, die jener entwickelt! Das Glück, die Wohlfahrt der Stadt, des Landes, der ganzen Vereinigten Staaten hängt an dem Zeitungsschreiber. Ein Wort von ihm, ein geharnischter Artikel aus seiner Feder, — und Hunderte von Wählern sind diesem abspenstig gemacht, sind für Jenen gewonnen, und Eine — Stimme schon entscheidet möglicherweise die ganze Wahl!

Um diese Zeit reichen sich Eigenthümer und Zeitungsschreiber brüderlich die Hände. Das ist die Zeit der Ernte. Schon lange Zeit vorher, viele Wochen vor dem eigentlichen Wahltag, beginnen die Unterhandlungen. Der Generalstab entwirft den Plan zur Schlacht; dann kommen die Scheingefechte und die Plänkeleien. Zuletzt erst fällt die Bombe des schweren Geschützes hinein und es kracht und donnert, daß man glaubt, das Ende der Welt stehe vor der Thür. — Es geht aber Alles ganz friedlich vorüber, einige blutige Köpfe abgerechnet, die den Zeitungsschreiber und Eigenthümer nichts angehen. — Nach der Wahl wird Abrechnung gehalten, und es findet sich stets, daß der Beutel des Wahlkandidaten, sei er siegreich oder sei er unterlegen, bedeutend eingeschrumpft ist; der des Zeitungseigenthümers und des Zeitungsschreibers aber ist um einige Zoll dicker geworden.

Der Zeitungsschreiber wird vor der Zeit alt. Wenn er klug ist, so sorgt er noch zu rechter Zeit dafür, daß die Partei, zu der er hält, die herrschende ist, d. h. die Aemter zu vertheilen hat. Weiß er es nicht so anzugreifen, daß er auch ein Amt bekommt, oder ist er zu ehrlich dazu, so heißt ihn der Amerikaner einen „damned fool", zu deutsch: „einen verdammten Narren". — So ist's!

23.
Die Californier-Wittwe.

Die Californier-Wittwe hat ihre Heimath in Amerika und speciell in New-York und Umgebung. In andern Welttheilen und Himmelsstrichen kommt sie nicht fort.

Sie ist entweder wirkliche Wittwe, oder Strohwittwe, oder gar keine Wittwe.

Die wirkliche Wittwe ist eine Frau von zwanzig bis vierzig Jahren, und heißt sich nur so lange Californier-Wittwe, als sie im Zustande der Heirathsfähigkeit ist. Ihr Mann hat sie vor Jahr und Tag verlassen, nicht etwa, weil sie nicht hübsch genug gewesen wäre, um ihm zu gefallen; sondern einfach deswegen, weil er das Geld nicht auftreiben konnte, um ihre Putzsucht zu befriedigen. Er hat sie verlassen, nicht um auf immer auszubleiben, sondern nur auf so lange, bis er genug Gold ergraben, um nach der „Fashion" mit ihr leben zu können. Vor einigen Wochen erhielt sie leider die Nachricht, daß er in den Goldminen und zu allem Unglück, ehe er den Stein der Weisen gefunden, gestorben sei. Dieses Letztere braucht aber das Publikum nicht zu wissen, im Gegentheil, sie hütet sich wohl, so Etwas laut werden zu lassen. — Gewiß im Gegentheil, denn mit dem Tage, wo sie die Todesnachricht bekommt, wird sie — nicht etwa eine gewöhnliche Wittwe, sondern eine „Californier-Wittwe".

Sie kleidet sich in Schwarz und ihr Gesicht wird schmachtend. Vor Trauer hält sie es innerhalb ihrer vier Pfähle nicht aus, sondern sie muß in's Freie, unter die Menschen. Eine freundschaftliche Familie wird sich doch finden, die sie bei ihren Ausflügen unter ihre Fittiche nimmt, besonders wenn sie, die Wittwe, die Kosten dieser Ausflüge bestreitet. Ueberdieß fehlt's ja, Gott sei Lob, nicht an Kirchen, in denen man sich sehen lassen kann! Und natürlich fehlt die Californier-Wittwe nie in der Kirche; sie muß sich doch ausweinen! — Nach vierzehn Tagen stiehlt sich irgend ein rothes Bändchen oder Zipfelchen oder Tüchelchen zwischen den schwarzen

Kleidern durch, und die Augen blicken wieder etwas heller, etwas weniger von „Thränen umflort". — Die Partien, besonders die Landpartien werden häufiger, und es hat den Anschein, als ob nur die Trauer sie abhalte, einen Luxus zu entfalten, den eine Californier-Wittwe zu treiben das Recht hat. Wenn sie erscheint, so ist ein allgemeines Geflüster: „Wer ist das?" — „Oh, es ist eine Californier-Wittwe!" — „Teufel, d e r muß ihr Mann ein schönes Kapital hinterlassen haben!" — Die Herren drängen sich um sie. Der Wittwenschleier giebt einem netten Frauenzimmer ein so interessantes Profil, und nun vollends ein Wittwenschleier mit Californischen Reichthümern im Hintergrunde! Die Californier-Wittwe hat die Auswahl. Sie weiß wohl, w e n sie sucht und sie hat sich auch vorgenommen, s o l a n g e zu suchen, bis sie d e n R e c h t e n gefunden. Kann man es einer Frau mit Californischem Vermögen übel nehmen, wenn sie „eine standesgemäße" und hauptsächlich „vermögensmäße" — wir sind in Amerika! — Auswahl zu treffen wünscht? Endlich hat sie ihn gefunden, den Mann, den sie braucht, und der im Geldpunkt auf derselben Stufe mit ihr zu stehen scheint. Der Wittwenschleier verschwindet nach kurzer Zeit und wohl ihr, wenn s i e sich nicht getäuscht hat; der neue Herr Gemahl aber überzeugt sich in kürzester Bälde, wie viel an den hinterlassenen Californischen Reichthümern ist, oder vielmehr nicht ist. Sehr unangenehm müßte es sein, — für die junge Frau wenigstens, — wenn der neue Gemahl in Folge dieser Entdeckung gezwungen wäre, selbst auch nach Californien zu gehen, weil er kein Geld besitzt, um den Aufwand d i e s e s Haushaltes auch nur eine Woche lang fortzuführen. Denn eine Wittwe, die zum zweiten Male Californier-Wittwe wird, zieht schon nicht mehr so gut.

Eine ganz andere Erscheinung, als die „wirkliche" Californier-Wittwe, ist die C a l i f o r n i e r S t r o h w i t t w e. Ihr Mann ist zwar ebenfalls nach Californien gegangen, um Geld zu erwerben; aber er ist nicht gestorben, sondern lebt; ja, er lebt sogar so sehr, daß er gar kein Talent zeigt zum Sterben. — Es ist ein trauriges Dasein, dieses Wittwendasein, besonders wenn die Wechsel aus Californien so spärlich eintreffen, oder auch gar nicht eintreffen! Er schreibt zwar, der M a n n, aus den Minen, oder von sonst woher; aber von den Briefen kann man nicht leben, nicht einmal von Liebesbriefen. Die Frau wird daher immer trauriger, und am Ende so traurig, daß ein „Freund" — welche verlassene Frau hätte nicht einen „Freund!" — nicht umhin kann, darauf aufmerksam zu werden, und es für seine Pflicht hält, diesem Zustande ein Ende zu machen. Es könnte ja am Ende Melancholie oder gar eine noch gefährlichere Krankheit daraus entstehen! Seine Bemühungen, seine freundschaftlichen Darlehen, und besonders seine Tröstungen sind auch vom besten Erfolge, und wenn der Mann nach einigen Monaten unversehens zurückkäme, so träfe er am Ende einen Familienzuwachs, der sich wohl naturgemäß, aber nicht kanonisch erklären ließe. Doch, ruhig Blut! der Mann erscheint nicht unversehens und die Californier-Wittwe weiß sich zu helfen. Sie schreibt ihrem Manne im Goldlande die zärtlichsten Briefe und zu gleicher Zeit in die Zeitungen eine Annonce, daß eine „arme Wittwe", aus gewissen Gründen geneigt wäre, ein schönes neugeborenes Knäblein oder Mägdlein an eine kinderlose, aber reiche Familie auf immer abzutreten. Die Briefe an den Gemahl ziehen, denn die Rückantwort zerschmilzt fast in Sehnsuchtsseufzern; und die Annonce zieht auch, denn es giebt ja immer Frauen, die keine Kinder bekommen, oder wenigstens nicht gerade zu d e r Zeit bekommen, wo sie „Grund" haben, ein „Frischgeborenes" als ihr

„eigenes" zu produciren, und wär's nur einer kleinen Erbschaft wegen! —
Freilich wäre die Sache kürzer und bequemer abgemacht, wenn es Findelhäuser
gäbe; aber in dem sittenreinen Amerika giebt's keine solche Beförderungsanstalten
des Leichtsinns und — die Californier-Wittwe ist daher gezwungen, ihr Kind zu
verkaufen, wenn sie es nicht lieber umbringen, oder sich selbst kompromittiren
will, welches Letztere in keinem Fall geschieht. — Nach Jahr und Tag kommt
der Gemahl zurück und die „treue" Gattin fliegt ihm liebend in die Arme; — das
Strohwittwenthum hat ein Ende.

Das ist die zweite Sorte Californier-Wittwen. Die dritte Sorte besteht aus
solchen, die gar keine Wittwen sind; — ebenso wenig, als ihr Mann je in Californien war. Ein „jungfräuliches" Mädchen von dreißig oder noch mehr Jahren will
sich nicht recht passen, und dann um so weniger, wenn sich während des langen
Mädchenstandes ein oder zwei Kinderchen eingefunden haben, die doch nicht zu der
Jungfrau „Mutter" sagen können. Das Fräulein macht sich daher eines Tages
auf und davon, fährt nach New-York oder in ein renommirtes Bad, wenn's nämlich
gerade Sommer ist, und wird „Californier-Wittwe". — Eine gewöhnliche Wittwe
schon hat das Recht, eigene Kinder zu führen, mit Embonpoint behaftet zu sein und
die „dreißig" hinter sich zu haben; eine Californier-Wittwe aber vollends darf
ungenirt in der Welt herumreisen, ist befugt, allein Bälle und Partien mitzu-
machen, und kann sich überhaupt Dinge erlauben, die einer „ansässigen" Wittwe,
deren Mann man kannte, nicht anstehen. Deswegen wurde sie „Californier-
Wittwe" und nicht gewöhnliche Wittwe. Uebrigens macht diese dritte Gattung
von Californier-Wittwen keine allzuhohen Ansprüche. Es ist ihr weniger um
einen Gemahl, als um einen Liebhaber zu thun. Sie ist auch nicht so skrupulös, zu
verlangen, daß der Liebhaber partout ein lediger Mann sein müsse. Ein Ehemann,
dessen Frau auf dem „Sommersitze" lebt, thut's auch. Geld aber muß er haben,
und geizig darf er nicht sein. — Ihr Aufenthalt ist meistens das Wirthshaus. Die
Annehmlichkeiten der Table d'hôte und die Bekanntschaften, die man da anknüpfen
kann, zieht sie allem Familienleben vor. — Hat sie ein Kind von Einem Jahr, so ist
ihr Mann Ein Jahr in Californien; — ist sie in gesegneten Umständen, so ist er
erst vor zwei Monaten dahin abgegangen.

„Die Californier-Wittwe" war eine Zeitlang ein sehr gesuchter Artikel. Nach
und nach aber hat sich der Titel etwas abgenützt, und die Damen vom Californischen Wittwenschlage müssen auf etwas Neues denken.

———

24.
Der Künstler.

Er trug langes Haar, ein altdeutsches Gesicht, einen ausgelegten Hemdkragen
und eine moderne Brille.

So kam er nach New-York. — In New-York giebt's wenig Leute, die mit langem
Haar, altdeutschen Gesichtern, ausgelegten Hemdkrägen und modernen Brillen her-
umgehen, allein — „unser Herrgott hat allerlei Kostgänger", denkt ein New-Yorker
Geschäftsmann und rennt weiter. Kein Mensch sah sich nach unserem Künstler um,
außer einem Dutzend Gassenbuben, die ihm johlend nachliefen und nachschrieen. —
Was sie schrieen, verstand er zum Glück nicht, sonst wäre er schnurstracks wieder
umgekehrt und — — New-York hätte keinen Künstler gehabt!

„In New-York ist Geld, viel Geld, und wo Geld ist, ist die Kunst zu Hause." So dachte der Künstler und sah sich nach den verschiedenen Kunstakademien um. Er ging die Straßen kreuz und quer, er fand Tanzakademien, Fechtakademien, Reitakademien, Schwimmakademien, tableaux vivants, — aber eine Kunstakademie konnte er nicht finden. Er schlug im städtischen Adreßbuch nach; es war nichts darin verzeichnet.

„Sonderbar," dachte unser Künstler. — Er besann sich hin und besann sich her; endlich fiel's ihm wie Schuppen von den Augen: „für eine Kunstakademie ist das Leben in New-York viel zu geräuschvoll und tumultuarisch. Die haben sich auf's Land zurückgezogen."

Er ging in's Wirthshaus. Es war ein recht ordentliches Wirthshaus und es schienen lauter gebildete Leute da zu verkehren.

„Können Sie mir nicht sagen, in welchen Städten hier zu Lande wohl die amerikanischen Kunstakademien zu finden sind?" — So fragte er einen ziemlich elegant gekleideten Herrn neben sich.

„Kunstakademien?" fragte der Herr, ihn verwundert anschauend. „Was ist das? Kenne ich nicht, habe nie davon gehört."

„Waren Sie denn nie in München oder in Düsseldorf? Haben Sie die Moritzkapelle in Nürnberg nicht gesehen? Wissen Sie —"

„Bitte um Entschuldigung; ich war in Paris und habe hier einen Customershop und verstehe mein Geschäft aus dem Fundamente; mit Ihrem Firlefanz lassen Sie mich aber ungeschoren."

Der Schneiderkünstler machte sich auf die Sohlen, und der andere Künstler blieb verdutzt sitzen.

Jetzt sah er einen Mann an einem Tische, dessen Miene und Manieren ihm wohlgefallen wollten. Der Mann trug wenigstens halbblaues Haar und einen ganz langen Backen- und Schnurrbart. Auch das Gesicht hatte einen Anstrich von „altdeutsch".

Neben diesen setzte sich unser Künstler.

„Um Verzeihung, sind Sie schon lange hier?" fragte unser Künstler schüchtern.

„Schon über fünf Jahre," lautete die Antwort.

„Darf ich fragen, mit was Sie sich hier beschäftigen?"

„Warum denn nicht, ich bin Painter?"

Herrgott im Himmel, ein Stein fiel unserem Künstler vom Herzen, gerade so groß, als der linke Eckstein am großen Thurme des Ulmer Münsters Er hatte einen Painter getroffen und Painter heißt auf deutsch: „Maler". Das Herz wackelte ihm im Leibe und klapperte so laut wie die Kieselsteine in einem Straßenwagen; — er hatte einen Maler gefunden!!

Der Painter war ein gutmüthiger Kamerad und stand dem „Künstler" Red' und Antwort, aber bald ging ihm die Geduld aus.

„Genrebilder, — Historienmaler, Lessing, — Rubens — lassen Sie sich die tollen Gedanken vertreiben; hier giebt's blos Zimmermaler und Schildermaler und ein solcher bin ich selber und stehe mich recht gut dabei. Portraitmaler sind schon dagewesen, aber meistens Hungers gestorben, weil eine Photographie hundertmal wohlfeiler zu haben ist. Mit der Skulptur aber bleiben Sie mir ganz vom Leibe, denn es giebt gar keinen Bildhauer in Amerika, obgleich ich auch von dem dunkeln Gerücht gehört habe, daß in Italien ein Mann lebe, der von amerikanischer Abstammung sei und sich der Bildhauerkunst widme."

Also sprach der „Schildermaler" und ließ den Künstler sitzen. Der aber war ganz erbost und sagte: „Sei es so; ist jedoch die edle Malerkunst jetzt noch nicht zu Hause im Lande der Freiheit, — ich werde sie da einheimisch machen."

Sprach's, ging in seine Wohnung und setzte sich an seine Staffelei.

Er malte lang und malte eifrig, denn er war begeistert für seine Kunst und begeistert für seinen Gegenstand. Ein Glück war's, daß er einige hundert Gulden baar Geld mitgebracht hatte, denn trotz Studium und Kunst machte sich der Magen auch geltend. Allein ein paar hundert Gulden sind äußerst wenig, wo man nach Dollars rechnet, und so kam es, daß der letzte Gulden gerade ausgegeben war, wie er das Bild vollendet hatte. Er schaute es lange und wehmüthig an, das Werk seines innersten Herzens. „Du sollst mir Bahn brechen," sagte er dann laut und packte es unter den Arm, um zu einem Bilderhändler zu gehen.

In New-York giebt's viele Bilderhändler und große Bilderläden. Es giebt darunter welche von hundert Fuß Länge und fünfundzwanzig Fuß Breite, und alle hängen voll Stahlstichen, Lithographien und Oelgemälden und diese alle in schweren goldenen Rahmen.

Der Künstler produzirt sein Werk.

„Schade, daß kein Rahmen darum ist," meinte der Bilderhändler, „wir kaufen blos Bilder mit Rahmen."

Der Künstler ging zum zweiten Händler.

„Sie können es hier lassen," meinte dieser, „wir stecken es in einen Rahmen, stellen es aus, und wenn es verkauft wird, so zahlen wir Ihnen den Erlös nach Abzug des Rahmens und 25 Prozent Unkosten für unsere Mühe."

Der Künstler ging abermals weiter.

„Wir nehmen nur Bilder in Auction," sagte der dritte Händler. „Wollen Sie es in den Katalog aufgenommen haben? Es kostet nur zwei Thaler."

Der Künstler hatte nicht nur keine zwei Thaler mehr, er hatte keine zwei Cents, um sich ein Brod zu kaufen.

Also dauerte es drei Tage und kein Bilderladen war in der ganzen Stadt, den der Künstler nicht besucht hätte. Sein Bild brachte er aber immer wieder nach Hause.

Endlich war ihm ein reicher Kunstkenner verrathen worden, ein Mann, der in der fünften Avenue wohnte und folglich nicht weniger haben konnte, als eine Million oder zum mindesten eine halbe. Der Künstler versetzte Uhr und Kette, aß sich satt und machte sich auf den Weg.

Der Kunstkenner wohnte in einem großen Marmorhause, — kein Fürst hätte sich daran zu schämen gebraucht. Die Böden waren mit kostbaren Teppichen bedeckt, — in keinem Residenzschlosse finden sich prachtvollere. Die Decken waren alle mit Gold ausgelegt und die Möbeln so prächtig, daß Ludwig der Vierzehnte seinen Beifall dazu gegeben hätte. Unser Künstler sah aber weder auf die Möbeln, noch die Decken, noch die Teppiche, noch die Marmorplatten, er sah nur auf die Wände, denn diese waren alle mit Oelgemälden geschmückt, — Oelgemälde mit prächtigen, grellen, grünen und rothen Farben und mit Goldrahmen so reich, so reich. Der Kunstkenner war sehr herablassend, und führte ihn in allen seinen Sälen herum und zeigte ihm seine Kunstschätze

„Viel Farbe und viel Rahmen, aber kein einziges G e m ä l d e," dachte der

Künstler und hatte Recht, denn es war lauter Schund und Fabrikarbeit, zum Theil nicht m e h r werth, als auf den Tröbelmarkt geworfen zu werden.

Endlich besah der Kunstkenner auch unsers Künstlers Gemälde.

„Zu wenig Roth, — zu wenig Grün,“ sagte der Kunstkenner, „nichts Hervor-stechendes! Die Farben sind zu matt, — zu todt. Mehr Colorit, mein Freund, — mehr Colorit, oder — haben die Farben vielleicht aufgeschlagen, weil Sie so da-mit sparen? Sehen Sie hier dieses Bild, das in dem runden Rahmen; — sehen Sie, wie's blitzt und funkelt! Aechter Carmin, und der Carmin ist theuer. Kostet mich doch nur fünfzig Thaler das ganze Bild, und der Rahmen allein ist dreißig werth. Möchte Ihr Bild nicht für zehn Thaler; — ist zu sehr mit dem Colorit gespart.“

Also sprach der Kunstkenner und die Nase des Künstlers wurde so lang, wie ein deutscher Bohnenstecken und seine Augen so groß, wie zwei gebratene Kalbsköpfe. Er sagte keine Silbe, nahm sein Bild, ging zum Hause hinaus, zog sein Messer aus der Tasche und zerschnitt das Gemälde in tausend Fetzen. Dicke Thränen rannen dabei aus seinen Augen und ein Glück war's, daß er vorher seine Uhr versetzt und sich satt gegessen hatte, sonst hätte er sich ohne Zweifel ein Leids angethan; aber mit einem vollen Magen hat sich noch Niemand umgebracht.

„Was machen Sie da?“ rief auf einmal eine Stimme. Es war ein Mann in grauen Ueberziehhosen, einen Eimer mit Oelfarbe an sich hängend und eine Leiter auf der Achsel. „Kann mir's schon denken, waren da oben in dem Marmorhaus? Kümmern Sie sich nicht. Ist nichts als ein reicher Ochse, und ein Deutscher dazu, der im „Branntwein“ sein Geld gemacht hat. Aber lassen Sie's gut sein. Mit der Kunst ist nichts zu machen in Amerika. Werden Sie p r a k t i s ch!“

Also sprach unser Freund, der Schildermaler, der gerade auf dem Weg war, ein Schild an ein Haus hinzupracticiren und seine zehn Dollars dafür einzunehmen. Und unser Künstler erwachte wieder zum Leben und ging wie ein vernünftiger Mensch weiter.

Freilich war's eine harte Nacht, die er damals zubrachte; aber sie ging auch vor-über und den anderen Tag war sein Entschluß gefaßt.

„Ich will die „New-Yorker Malerei“ von Grund aus studiren,“ sagte er und machte sich auf den Weg. In einer engen Gasse der mittleren Stadt stand an einem kleinen halbverfallenen Holzhäuschen ein großer Schild: „Wilhelm Mor-bach, Painter.“

„Kann ich Arbeit haben?“ fragte unser Künstler. Der Painter besah ihn von oben bis unten und schüttelte einmal über das Andere den Kopf, denn die Kleidung unseres Künstlers war ihm etwas zu g u t. Ein Glück, daß es Frühling war, wo es an Händen fehlte und der Meister gerade viel zu thun hatte.

So trat unser Künstler ein und in Arbeit.

Seine „Mitkünstler“ oder Arbeitsgenossen waren zwei Neger und drei Weiße. Die Hauptarbeit bestand im Weißen und Gipsen, was insbesondere die Neger ver-standen, und im Anstreichen der Wände mit Oelfarbe, was den Weißen vorbehal-ten war. — Eine prächtige Beschäftigung für einen Künstler aus der Münchener Schule!

Das war die erste Sorte „Painter,“ bei der er in Dienst trat, und vier Wochen war er dabei und verdiente so viel, daß er die fünfte spazieren gehen konnte, um sich nach anderer Arbeit umzusehen.

An einem Hause stand mit feiner deutscher Schrift: „Eduard Müller, Dekorationsmaler". — Angeklopft. — „Herein". — In einer Viertelstunde ist das neue Engagement fertig. Jetzt ging's an's Häusermalen von innen und außen, und viel war da zu thun und viel Farbe und viel Geld wurde verwandt, denn es durfte an nichts gespart werden. Reich und glänzend sollten die Zimmer aussehen, und sie wurden reich und glänzend. Auch Kirchen wurden gemalt und da wurde noch weniger gespart. Es ging ja nicht aus dem Beutel des Pfarrers, der machte nur den Zahlmeister! „Nur in's Auge fallend" war auch hier der Wahlspruch.

Das war die zweite Sorte „Painter", und die Bezahlung war so gut, daß unser Künstler nach vier Wochen Arbeit Geld genug hatte, um vierzehn Tage lang spazieren zu gehen.

Mit der dritten Sorte „Painter" machte er nur kurze Bekanntschaft, der „Coloristensorte"; denn diese war ihm nämlich doch gar zu gering. Den ganzen Tag Landkarten anmalen oder Stickmuster bekleksen, das überließ er den Genie's aus dem Schreibervolke.

Die vierte Sorte „Painter" fand er in dem Atelier eines Photographen. Portraitmaler können Hunger sterben in Amerika und vielleicht sind auch schon Einige Hungers gestorben; aber Photographen stehen oben an. Giebt's Ein Dienstmädchen in New-York, das nicht schon Dutzendmale ihr „Likeness" nach Europa gesandt hätte? Giebt's Eine Mutter in New-York, die nicht das „Likeness" ihres „Baby" wenigstens ein halb Dutzendmal haben müßte? Jedes dieser Bilderchen aber muß retouchirt werden, d. h. auf die Wangen muß ein seiner rother Kleks, die Augenbrauen erhalten ein dünnes Härchen braun oder schwarz, die Lippen müssen „aufgefrischt" werden. — Es gehört ein sicheres Auge, eine stete Hand und ein schneller Pinsel dazu, in Einem Tage Hunderte solcher Bilder „in Stand" zu setzen und nicht jeder „Painter" vermag dies. Mit dieser Sorte „Malerei" machte daher unser Künstler viel Geld.

Inzwischen war derselbe schon ganz praktisch geworden, und der „Schildermaler", mit dem er jetzt Abends manchmal seinen Schoppen zusammentrank, meinte daher, die fünfte Sorte, die „Schildermalerei", von den New-Yorker Deutschen „Signpainterei" genannt, könnte füglich übergangen werden. Unser Künstler machte sich daher lieber gleich an die sechste und letzte Sorte und legte eine „Kunstfabrik" an.

Es ist ein gutes Geschäft, diese letzte Sorte; aber es gehört etwas dazu, um sie betreiben zu können.

Der Kunstfabrikant miethet einen hellen Saal, hoch und luftig, daß die Farben schnell trocknen. Er engagirt vier oder fünf „Painter", um unter ihm zu arbeiten. Dann nimmt er ein Stück Leinewand und zeichnet irgend eine Landschaft darauf, eine Burg, oder Kirche, oder Wasserfall, oder etwas dergleichen, dazwischen hinein viel Bäume und Scenerie, auch etwelche Menschen dazu, am besten Räuber oder sonstige ausgezeichnete Personen, in der Ferne muß ein Schiffsbrand oder so etwas sichtbar sein, damit's um so mehr Effekt macht. Ist die Zeichnung fertig, so giebt er sie einem seiner „Unterpainter", um sie „in's Grobe" auszumalen. Den letzten Pinselstrich muß er natürlich „selbst" anlegen, damit's ein Bischen „hell" in die Augen fällt. — Das sind die „Mustergemälde", und diese werden den verschiedenen „Kunsthandlungen" und Bilderläden-Inhabern zur „Auswahl" zugesandt. Je greller die Farben, je unnatürlicher der Entwurf, um so besser. Die Herren Kunstläden-Inhaber kennen ihre Leute und ihre Abnehmer. Von diesem

„Muſter" beſtellen ſie ein Dutzend, von einem anderen zwölf Dutzend. Manches Muſter zieht auch gar nicht. — Aber jetzt ſind die Beſtellungen eingelaufen; jetzt geht's an die Arbeit. Die Herren „Unterpainter" machen das Dutzend oder die zwölf Dutzend nach den Muſtern fertig, und unſer Künſtler legt nur die letzte Hand an. In der Zwiſchenzeit ſinnt er aber immer wieder auf neue Muſter, um die Fabrik im Gauge zu halten. — Auf dieſe Art werden in Amerika die Gallerien vieler Reichen mit Oelgemälden geziert. Der „Kunſtfabrikant" verkauft das Stück zu zehn bis fünfzehn Dollars, je nachdem; im Dutzend natürlich immer billiger. Der Bilderhändler läßt die Rahmen darum machen und verkauft's zu vierzig bis fünfzig Dollars das Stück.

Jetzt hat ſich unſer Künſtler in Amerika zurecht gefunden. Erſt heute hat er wieder einen Beſtellzettel empfangen, der alſo lautet: „Schicken Sie mir drei Dutzend „Eremitengrotte," ein Dutzend „Bergkapelle" und zehn Dutzend „Apenninenräuber."

Der Kunſtkenner in der fünften Avenue, der „Schnapsmillionär," beſitzt auch verſchiedene Stücke davon, und iſt ganz entzückt darüber, die haben genug Colorit, da iſt die Farbe nicht geſpart.

Wie in vielen anderen Beziehungen, ſo hat ſich auch in Betreff der Künſtler und künſtleriſchen Leiſtungen innerhalb der letzten Jahre Vieles in Amerika gebeſſert. Aehnlich wie beim Temperenzſchwindel wirkt hier das Reiſen nach Europa gar mächtig. Amerikaner, welche den europäiſchen Kontinent bereiſen, gehören jetzt zu den beſten Kunden der Künſtler und Kunſthändler. Hundert tauſende werden jährlich von Amerikanern in Europa für Bilder und Kunſtgegenſtände ausgegeben, und wenn die Käufer auch wenig oder nichts vom Kunſtwerthe desjenigen, was ſie erwerben, verſtehen, es thut nichts; ſie unterſtützen einerſeits die Kunſt, ſie bekommen Geſchmack an Beſſerem und bei ihrer Rückkehr wirkt ihr Beiſpiel mächtig. Die Zeit iſt nicht mehr fern, wo jeder amerikaniſche Millionär ſeine koſtbare und werthvolle Bildergallerie haben wird.

Aber die Bilder müſſen von Europa ſein, für heimiſche oder auf heimiſchen Boden ſchaffende Künſtler hat der noch in Beurtheilung der Kunſt im Kindesalter ſich befindliche Amerikaner kein Vertrauen; er fürchtet, er könne ein Fünfzig-DollarBild als ein Tauſende werth ſein ſollendes erwerben, und es könnte wohl ſein; ein New-Yorker „Kunſthändler" kriegt's fertig!

25.
Ein Spielhaus in New-York.

Es iſt ein gut Ding um gute Geſetze in einem Lande; ein noch beſſeres Ding iſt es aber um die Ausführung dieſer guten Geſetze. In Amerika giebt's gute Geſetze in Menge und vielleicht werden in keinem Lande mehr Geſetze gemacht, als dort, denn die Herren Legislatoren ſitzen ja alle zwei Jahre und ihre einzige Beſchäftigung iſt: Geſetze machen. In manchen Fällen weiß man jedoch nicht mit Beſtimmtheit, ob die Geſetze dazu gemacht werden, daß man ſie b e f o l g t, oder dazu, daß man ſie n i c h t b e f o l g t. In dieſe letztere Kategorie ſcheinen die Geſetze über das S p i e l e n zu gehören.

„Spielen um Geld!" Der Abſcheu, welcher die Herren Geſetzgeber, beſonders die Geiſtlichen unter denſelben, befällt, wenn ſie das Wort nur hören, iſt ſo groß, daß man glaubt, in eine Gesellschaft von Heiligen gerathen zu sein. Aber — wir sind jetzt in Amerika und in Amerika nehmen sich die Dinge im H a n d e l n ganz anders aus, als im S p r e c h e n.

Jedes K a r t e n s p i e l um Geld ist streng verboten, ja sogar das K e g e l - s p i e l. Man hat das Kind mit dem Bade ausgeschüttet, um den Zuber rein zu waschen. „Also das Kegelspiel mit neun Kegeln ist verboten?" Gut; doch zu was hätte man die Advokaten, wenn sie nicht dem Gesetze eine Nase drehen könnten? Man kegelt deshalb in Amerika nicht mit neun Kegeln, sondern mit z e h n. Im Gesetz steht nur das Kegelspiel mit n e u n Kegeln! — Mit den K a r t e n ließ sich das Ding nicht so leicht machen. Aber glaubst Du, Du könntest deshalb in New-York nicht so gut Hazard spielen, als ehemals auf der Bank in Wiesbaden oder in Homburg? Täglich werden in New York mehr Summen verloren oder gewonnen, als auf diesen offenen Banken in einer ganzen Woche. Nur hast Du in New-York den Vortheil, d a ß D u g a r k e i n e p o l i z e i l i c h e U e b e r w a c h u n g h a s t; der Bankhalter hat weder eine Abgabe zu zahlen, noch sein Spiel nach bestimmten Regeln zu modelliren; er wird ein reicher Mann, ehe Du die Hand um- drehst oder — er ist nicht s m a r t, d. h, er leidet Mangel an Holz, wenn er im Forste wohnt.

Ein New-Yorker Spielhaus ist stets nur in der feinsten Straße zu finden, ringsum wohnen nur Familien von der exquisitesten Gesellschaft. Kein gemeiner Dutchman, kein betrunkener Irischer läßt sich je an einem Fenster blicken. Die Haute volée ist hier eingebürgert. — Du siehst Dir das Haus an. Es ist ein Prachtgebäude von Marmor oder Braunstein; die Jalousieläden sind den ganzen Tag geschlossen, wie's in seinen Familienhäusern Brauch und Sitte ist; Du meinst es sei die Stätte eines Millionärs aus der Wallstreet. Die Hausthür bleibt den ganzen Tag fest zu. Keine Equipage fährt vor; kein Mensch geht aus und ein, einige Dienerschaft abgerechnet. — Es wird Nacht, dunkle Nacht; aber die Gaslaternen brennen so helle, daß Du einen Cent auf dem Trottoir unterscheiden kannst. Dunkle, fein gekleidete Gestalten nähern sich der Thür; Equipagen fahren vor und elegante Herren hüpfen heraus; der Thürklopfer wird gerührt, die Hausglocke giebt ihr Zeichen, und die Gestalten verschwinden. Du gedenkst, auch hinein zu gehen. Du klopfst an, und es wird Dir aufgethan; aber — vor Dir im Gange ist der Weg versperrt; eine Jalousie verhindert Dich, weiter zu gehen, und eine Stimme fragt Dich um das P a ß w o r t. — Nur wer das Paßwort hat, kommt hinein; denn man kann nicht Jedermann brauchen, absonderlich nicht Leute, die kein Geld haben, oder Neugierige oder Polizeidiener. Aber — es wird Dir nur zu leicht gemacht, das Paßwort zu erhalten, so bald Du Lust hast, Dein Glück zu probiren, und was die Hauptsache; die Mittel dazu.

Es ist prächtig ausgestattet, das Haus in seinem Innern. Feine Teppiche bedecken die Böden und Gänge; große Kandelaber strömen ein Licht aus, weißer und heller als das Sonnenlicht; an den Wänden hängen glänzende Gemälde in noch glänzenderen Rahmen; die Möbel sind von feinster Arbeit und die Ruhebetten strotzen von Sammt und Seide. Alle Zimmer im ersten und zweiten Stock sind geöffnet und überall sind Tische aufgestellt mit den feinsten Leckerbissen und die Wein- und Liqueurflaschen blinken, als ob flüssiges Gold darin wäre. Du kannst genießen, was und so viel Du willst. Herren im elegantesten Anzug wandeln auf und ab und feine Damen in Gold und Seide und süß lächelnd, wie ein Engel vom Himmel, machen die Honneurs. Doch halt, die Stunde ist gekommen; der Saal im dritten Stocke wird geöffnet, d a s S p i e l b e g i n n t.

Die Pharotische sind in der ganzen Welt dieselben; und der Wahnsinn des Glücks-spiels erfaßt den Europäer ganz auf dieselbe Weise, wie den Amerikaner. Aber ein kleiner Unterschied findet statt u n t e r d e n S p i e l e n d e n, und ein kleiner Unterschied i n d e r A r t, w i e g e s p i e l t w i r d.

In Europa giebt's verschiedene Spieler. Da sind die Spieler von P r o f e s s i o n. Die können's nicht mehr lassen, und wenn Tod und Leben davon abhänge! Da sind die M ü ß i g e n und L a n g w e i l e n d e n, die hie und da ein Goldstück auf eine Karte setzen, gleichsam um die Zeit todtzuschlagen, weil sie nicht wissen, was sie mit derselben beginnen sollen. Da sind die Spieler aus L e b e n s e r w e r b, die doubliren so lange auf Eine Karte, bis ihnen e i n m a l ein Gewinn zufällt; dann hören sie auf, denn sie haben ihren Einsatz und ein Goldstück dazu, von dem sie den anderen Tag leben können. Da sind die Spieler aus V e r z w e i f l u n g; sie haben in Spekulationen oder auf irgend welche Art ihr Vermögen geopfert, sie wollen's in Einer Nacht zurückerobern; die letzten Tausende werden gewagt, die Glücks-göttin schwankt hin und her, und das Ende vom Liede ist, daß sich der Spieler eine Kugel vor den Kopf schießt, nachdem er Alles verloren hat. So ist's in Europa.

In Amerika ist's ein wenig anders. Hier zerfallen die Spieler in zwei Haupt-klassen: in die L o c k v ö g e l und in die B e r l o c k t e n.

Die L o c k v ö g e l sind sehr gentile Leute; Männer von höchster Eleganz und mit schweren goldenen Ketten an den Uhren. Ihr Hauptaufenthalt sind die größten Hotels. Sie privatisiren da und leben von ihren „Einkünften". Ihr Hauptaugen-merk haben sie auf die F r e m d e n gerichtet; aber nur ein Fremder, der viel Geld ausgiebt, wird von ihnen einer höheren Aufmerksamkeit gewürdigt. Eine besondere Freude haben sie an den C a l i f o r n i e r n, d. h. an denen, die von Californien mit einem gespickten Geldbeutel zurückkommen. Nebenbei würdigen sie den ver-möglichen Farmer, der auf ein paar Tage von seinem Gute gekommen, um den „Elephanten" in New-York zu sehen, eines freundlichen Blickes. Mit besonderer Freundlichkeit begegnen sie dem „Buchhalter" eines reichen Hauses, zu dessen „Safe" er den Schlüssel hat; er wird nie ohne Handschlag begrüßt. Es ist so leicht, in einem Gasthofe eine Bekanntschaft anzuknüpfen und die Lockvögel verstehen d e n Handel aus dem Fundamente. Morgens wird noch „fremd" gegrüßt und — Abends ist die „Freundschaft" fix und fertig! Ja sogar an „Hochwürdige" wagen sie sich, wenn diese Herren die Stadt der „Laster" inkognito ansehen, natürlich nur um sich gegen die Berderbtheit der Welt zu stählen, denn — was ist Tugend ohne Versu-chung? — Die Lockvögel und die Berlockten, — Abends siehst Du sie Arm in Arm auf der Straße, im Theater, im Salon der Broadwaydamen, und zuletzt natürlich — im Spielhause.

Es ist ein grundehrliches Spiel, das da gespielt wird. Es wird nicht bloß ver-loren, es wird auch gewonnen. Der Bankhalter ist ein Mann mit grauen Haaren mit den feinsten Manieren. Meist ist es ein A m e r i k a n e r; hie und da auch ein A u s l ä n d e r, aber dann j e d e n f a l l s ein französischer Marquis oder ein pol-nischer Graf. I h m, dem Manne mit den grauen Locken, dessen Point d'honneur so empfindlich, daß er nicht einmal ein unschönes Wort im Munde führt, ihm wird man doch nicht zutrauen, daß etwas „Faules" mit unterlaufen könnte? Die

Herren Californier, oder wer sonst die Verlockten sein mögen, sind auch mit den ersten paar Spielnächten im höchsten Grade zufrieden; sie haben nicht nur gut ge= gessen und getrunken, sie haben nicht nur mit den Huldinnen des Schenktisches ge= liebelt; sie haben sogar gewonnen und nicht wenig gewonnen. Aber — es ist noch nicht aller Tage Abend, jetzt kommt die Hauptnacht. Der Lock= vogel hat nämlich in Erfahrung gebracht, daß sein „Freund" den anderen Tag „abreisen" will und man wird ihn doch nicht reisen lassen, mit dem Gelde des Bankhalters in der Tasche? Diese Nacht sind die Holden des Schenktisches doppelt freundlich; wenn er erhitzt vom Spiele aufsteht, um sich durch einen Trunk abzu= kühlen, so kredenzen sie ihm den goldenen Liquor mit einem Lächeln, das einen Bären bezaubern könnte; das arme Schlachtopfer weiß nicht mehr, was es thut; der Liquor wirkt so sonderbar, so betäubend, so umnachtend; sollte die „Holde" die Flasche mit Morphium verwechselt haben? — Die Nacht ist vorbei. Der Mann, der gestern noch Tausende besaß, erwacht den anderen Mittag in seinem Bette. Wie er dahin gekommen, weiß er nicht. Sein Kopf ist dumm und schwer, seine Augen glühen. Er sieht nach seinem Gelde; er hat keines mehr; Alles ist in dieser Einen Nacht verspielt worden. Ein Glück, daß sie ihm die Uhr und Kette noch ließen; die kann er ja versetzen, um nach Hause reisen zu können!

So ergeht es Hunderten und Tausenden und aus den Verlockten werden „Ge= rupfte". Denn von was sollten sonst die Lockvögel in den Hôtels ihren Aufwand bestreiten? Von was sollten das theure Spiellokal, die „holden Damen" und die Equipage des Bankhalters bezahlt werden? — Eine New=Yorker Bank wird fast nie gesprengt; der Bankhalter weiß sich zu helfen! Die Gerupften wissen's am Ende wohl, daß der Bankhalter sich „geholfen hat", aber — sie schwei= gen doch still zu ihrem Verluste; denn sollten sie etwa zum Verluste hin noch das Auslachen haben? Sollten ihre Namen in den Zeitungen figuriren, damit Weib und Kind zu Hause auch etwas davon erfahren? Sollte der Buchhalter, der Kauf= herr, der Farmer oder gar der Geistliche seinen guten Ruf risliren, um am Ende mit seiner Klage doch Nichts zu gewinnen? — O, sie klagen nicht, die Gerupften, sie machen auch keine Anzeige bei der Polizei; höchstens giebt ein Hitzkopf seinem „Lockvogel" eine Kugel zu kosten, wenn er ihn nämlich noch einmal zu sehen bekom= men sollte, was aber der Lockvogel nach der „Hauptnacht" wohlweislich vermeidet.

Gesetzt den Fall aber, es käme eine Anzeige, was meinst Du wohl, was ge= schieht? Du meinst, die Polizei werde mit Heeresmacht ausrücken und das Spiel= haus im Sturme nehmen? Gott behüte; da ist man in New=York viel höflicher; der Bankhalter wird einfach vor Gericht citirt und unter einige hundert Dollars Bürgschaft gestellt „für sein Wiedererscheinen". Wiederzuerscheinen aber hat er nie; denn von einem Termine zum anderen wird der Fall hinausgeschoben, bis dem Kläger die Zeit zu lange wird, und er seine Klage fallen läßt. Oder sollte ein Richter strenge gegen den Spielhalter auftreten, da er, der Richter, doch selbst die Gewohnheit hat, den Pharotisch hie und da mit seiner Gegenwart zu beehren? — Sollte jedoch einmal der Fall vorkommen, daß ein Gerupfter in seiner Ver= zweiflung und Wuth Alles auf's Spiel setzt und die Spielbank um jeden Preis zertrümmert, und — Banquier, sowie männliche und weibliche Lockvögel im Zucht= haus sehen will, oh — es giebt der Burschen gar Manchen in New=York, die um zehn oder zwölf für ein gut Stück Geld Einen seines Todfeindes entledigen, und manche Leiche ist schon den Hudson herabgeschwommen, von der man nicht wußte, wie sie

hineingekommen! — Der Kläger ist verschwunden; man weiß nicht, wo er hinge-
kommen, das gentile Spielhaus aber bleibt unangetastet.

Etwas ganz anderes ist es freilich, wenn einmal ein paar Deutsche, Irländer oder
Neger sich herausnehmen, eine Bank in einer ihrer Kneipen zu errichten. Wie der
Wind ist die Polizei da, konfiscirt die Bank, die im Ganzen vielleicht bloß ein paar
Dollars enthält, und schleppt die Spieler vor Gericht. Die werden unbarmherzig
gestraft und um so härter, wenn der Richter, der die Strafe verhängt, in der Nacht
vorher zufälligerweise verloren hat. — Oder laß ein paar Deutsche an einem
Sonntag Nachmittag zusammensitzen und ein Kreuzmariage um einen Cent machen,
Herr Gott im Himmel, was für ein Verbrechen! Fort mit den Burschen, in's
Gefängniß, wenigstens bis auf den andern Tag, und der Wirth, der die Karten
hergegeben hat, muß auch mitbrummen, und froh dürfen sie sein, wenn sie den anderen Tag mit einer derben Strafpredigt und dem heiligen Versprechen, nie wieder
zu sündigen, loskommen. „Dem Gesetz muß sein Recht geschehen," sagt der Richter und geht Abends zum Pharo, wo der Bankhalter so vernünftig ist, ihn nicht
selten gewinnen zu lassen. —

26.
Was man in Amerika Alles werden kann.

Er war ein leichtsinniger Kamerad, draußen in Deutschland. Sein Vater wollte
was Rechtes aus ihm machen, weil der Schulmeister gesagt hatte, es stecke ein ver-
borgenes Genie in ihm. Der Vater verwandte also viel Geld auf ihn, schickte ihn
in's Gymnasium und wollte ihn studiren lassen. Aber das „Genie" wollte nicht
zum Durchbruch kommen; außer im Schuldenmachen und in Wirthshausstudien.
So besann sich der Vater anders und that ihn bei einem Schneider in die Lehre.

Ob's eigentlich ein Schneider war, oder ein Schuhmacher, oder ein Schreiner,
kann ich nicht mit Bestimmtheit sagen, es thut aber nichts zur Sache, denn ein
Handwerk ehrenwerthes war's jedenfalls.

Dem jungen Studiosus wollte das Handwerk nicht recht gefallen, und dem Lehrmeister wollte der Zögling noch weniger zusagen. Der junge Herr fühlte sich zu
etwas Besserem geboren und so sagte er nach einigem Aufenthalt der Schneider-
boutique Lebewohl. Sein Vater staffirte ihn zu guter Letzt mit einigem Gelde
aus, wozu die Mutter noch heimlich einige harte Thaler aus ihrem Ersparten fügte
und — fort ging's nach Amerika.

„Ihr sollt von mir hören," sagte er beim Abschied, und der Himmel hing voller
Baßgeigen.

In Amerika angekommen, logirte er sich in einem Gasthofe ein und wurde „höherer Bummler."

Die Beschäftigung des „höheren Bummlers" besteht darin, daß man gar Nichts
thut, als essen, trinken, rauchen, Billard spielen und die Zeit todtschlagen. Eine
Zeit lang ging's recht gut. Das Handwerk des „höheren Bummlers" ist ziemlich
leicht zu erlernen und unser junger Freund fügte sich schon mit viel Anstand in
seine „erste Beschäftigung" in Amerika; denn sein einziger Umgang waren „politische Flüchtlinge", für was sich wenigstens diese seine Kameraden selbst ausgaben.
Später freilich fand er aus, daß auch nicht Einer darunter das war, für das er sich
ausgab, sondern entweder ein abgesetzter Pfarrgehülfe, oder ein fortgejagter Kom-

mis, oder ein zu langfingriger Eisenbahnkassirer, oder ein Postdienstadspektant ohne Aussicht oder irgend etwas dergleichen. Das Ding ging also gut, so lang die harten Thaler der Mutter reichten, und auch noch ein bischen länger, so lange nämlich noch etwas von der Garderobe zu versetzen war, oder der Gasthofsbesitzer Kredit gab. Unser Held begann sich bereits zu fühlen und nahm keinen Anstand, sich ebenfalls für einen politischen Flüchtling, wenn nicht zu halten, doch auszugeben, und so lange von seinen Heldenthaten zu erzählen, bis der Wirth ihm eines Tags seine Pumprechnung zusammengemacht, und ihn mitsammt der Rechnung zum Hause hinausgeworfen.

Da saß er nun, oder vielmehr lag er, ohne Kredit, ohne Kleider, und der Appetit begann sich zu regen, weil die Procedur des Hinauswerfens unseliger Weise nicht nach, sondern vor dem Mittagessen stattgefunden hatte.

Zum Glück erinnerte er sich, daß er in Deutschland auf der Schneiderwerkstatt gesessen und so machte er sich alsbald auf den Weg in einen entlegenen Stadttheil, dessen plebejisches Ansehen er früher immer gemieden, so daß er also keine Angst haben durfte, erkannt zu werden. Einem Schneider kann es in Amerika nie fehlen, nicht einmal in New-York, wo deren über 30,000 beschäftigt sind. Er fand alsobald Arbeit und führte die Nadel, als hätte er dieselbe nie bei Seite gelegt gehabt. In einigen Monaten hatte er sich wieder so weit erholt, daß er in neuer Montur ausgehen konnte. Noch einige Wochen, so hatte er auch wieder einige Dollars Geld in der Tasche. Allein so bald das Geld in der Tasche klimperte, so war der Teufel los. Einmal zwar, als er eine solide Nähterin auf einem Balle kennen lernte, hatte er fest im Sinne, sich häuslich niederzulassen; denn ein Schneider ist in New-York wohl im Stande, eine Frau zu ernähren, besonders wenn diese auch nicht links ist; aber zum Glück besann er sich noch eines Bessern und fand aus, daß er für das ewige Sitzen nicht geschaffen sei. Er fühlte sich zu etwas Besserem geboren.

Diesmal beschloß er jedoch, vorsichtig zu Werke zu gehen und das sauer Erworbene nicht blindlings hinauszuwerfen. Er besann sich hin und her, welches Handwerk wohl zu den „nobleren" gehöre, und entschied sich endlich für das Cigarrenmachen. „'S giebt Cigarrenmacher," kalkulirte er, „die ihre 12 und 15 und noch mehr Dollars die Woche verdienen; ich werde dasselbe thun und in kurzer Zeit so viel Geld zurücklegen, daß ich einen Cigarrenladen eröffnen kann."

Gesagt, gethan. Ein Lehrmeister, der es unternahm, ihn für baare zehn Dollars in der edlen Kunst; „Das Cigarrenmachen in vier Wochen aus dem Fundamente zu lernen" — zu unterrichten, war bald gefunden. Zeigen sich ja doch deren genug alle Tage in öffentlichen Blättern an! — Der Cigarrenmacherlehrmeister erhielt also die erwähnten Dollars, und mit Eifer ging's hinter das neue Geschäft.

Es war bald erlernt und nach der kurzen Lehrlingszeit arbeitete er auf's Stück, d. h. er bekam vom Arbeitgeber den Tabak vorgewogen und für das Tausend fertiger Cigarren, alle wohlgelungen, so und so viele Dollars. Das Ding erscheint gar leicht, und deßwegen ergreifen Hunderte dies Handwerk, — Hunderte, die nichts „Praktisches" in Europa getrieben haben. Allein sie alle müssen dies Metier wieder aufgeben, wenn sie nicht Hungers sterben wollen, denn nur ein geübter Arbeiter, nur Einer, dessen Finger schon von Jugend auf damit beschäftigt waren, bringt's so weit, in der Woche seine drei- oder viertausend Stück, und alle wohlgelungen, fertig zu bringen. Unser Freund „Erpolitischer Flüchtling" fand dies auch bald aus, denn er brachte in der ganzen Woche keine Tausend zu wege, und von diesen wurde ihm noch die Hälfte ausgestoßen, als „unbrauchbar", und er hatte den Tabak dafür zu ersetzen!

So quittirte er das Handwerk, „nothgedrungen", ohne einen Cent Geld, aber mit einigen Bündeln schlechtgemachter Cigarren in der Tasche. Es war ihm nicht gar wohl zu Muthe, als er so durch die Straßen schlenderte, und er suchte deßhalb die engsten und unsaubersten auf. In einem Keller unten war Musik und Geschrei. „Willst einmal Dein Glück in einer Basementkneipe probiren", dachte er, „und Deine Cigarren an den Mann bringen." Und ein Glück war's, daß er's that, denn unten prügelten sie sich und natürlich mischte er sich gleich drein, und warf sich politischer Weise auf die Seite des Wirthes und half die Ruhestörer die Treppe hinaufwerfen. Nun hatte er eine neue Heimath, denn der Wirth engagirte ihn auf der Stelle als „Barkeeper".

Dieses sein neues Amt hatte er lediglich seinen Fäusten, nicht seinem Genie zu verdanken; allein er hatte doch wenigstens ein Unterkommen. Besoldung bekam er keine, aber frei Essen und Trinken und sogar Freischlafen auf einer Pritsche in einer Ecke des „Salons". Einige Wochen ging's ganz gut. Sein guter Kopf half ihm bald über die Hauptschwierigkeiten seiner neuen Stellung hinweg, denn er hatte nichts zu thun, als Bier und Branntwein einzuschenken und ungeschlachte Gäste hinauszuwerfen. Einstmalen an einem seinen Re„entage passirte es ihm jedoch, daß er, weil keine Gäste da waren, sich selbst als Gast behandelte und so d'rauf los trank und immer wieder trank, daß er am Ende gar nicht wußte, was er that. Er war viehisch betrunken und fand sich den andern Morgen steif und kalt in einer Gosse auf der Straße. Wie er dahin gekommen, wußte er nicht. Wahrscheinlich hatte ihn der Wirth hinausgeworfen.

„Lauter unverschuldete Unglücksfälle," sagte der Schuster im „Lumpacivagabundus"; doch in New-York braucht kein Mensch zu verzweifeln.

Er ging die Straßen entlang, dem Wasser zu. An den Werften war's schon lebhaft. Lastträger waren beschäftigt, Schiffe auszuladen. „Willst Du zwölf Schillinge verdienen, so greif' zu," rief ihm eine rauhe Stimme zu, die eben damit beschäftigt war, eine schwere Kiste aufzuwinden. Er ließ sich das nicht zweimal sagen und griff zu. So ward er Dock- oder Hafenarbeiter. Die Arbeit war hart, aber der Lohn nicht schlecht. Es ging ganz gut eine Zeitlang; da gab's einmal einen kleinen Streit zwischen den deutschen und irischen Arbeitern; natürlich stand er auf der Seite der Deutschen; aus dem Streite wurde eine Prügelei und nach hartem Kampfe, nachdem ein Halbdutzend Arme und Beine zerschlagen waren, erschien die Polizei, ließ die Irischen laufen und steckte die Deutschen in's Loch. Zwar wurden sie Alle den anderen Tag wieder entlassen, weil kein Kläger gegen sie erschien; allein dieser Zwischenfall machte ihm die Sache verleidet, und er beschloß, sich einem anderen Wirkungskreise zu widmen.

Während er darüber nachdachte, was zu thun sei, begegnete ihm ein Farmer, d. h. der Besitzer eines Bauernhofes im Lande. Einen Farmer erkennt Einer, der schon einige Zeit in Amerika ist, schon auf zehn Schritte, auch wenn er kurzsichtig ist. Der Farmer war natürlich in die Stadt gekommen, um sich einen „Help", d. i. einen Knecht zu suchen. Somit war der Handel bald abgemacht, und unſer ehemaliger höherer Bummler fuhr mit dem Farmer als wohlbeſtellter Bauernknecht auf deſſen Hof.

Die Arbeit war in einigen Tagen gelernt. Morgens mit Tagesanbruch aufſtehen, dann das Vieh melken, dann miſten, dann in's Holz fahren und Bäume fällen, dann mähen, dann das Feld umbrechen, dann dreſchen, dann ſenzen, d. h. Zäune machen, dann füttern, und ſo fortan. Es blieb kaum Zeit zum Frühſtück, Mittageſſen und Abendbrod. Das Schlimmſte aber dabei war, daß Frühſtück, Mittageſſen und Abendbrod, außer ſchlechtem Kaffee und noch geringerem Thee, aus Nichts beſtand, als geſalzenem Schweinefleiſch und abgenommener Milch. Wo ſollte man denn friſches Fleiſch hernehmen, da es in die Stadt gar weit war und man nur alle Vierteljahre ein oder zwei Schweine ſchlachtete? Die Rahm der Milch aber brauchte man zu Käſe und Butter, die verkauft wurden. — Sonntags gab's auch keine Ruhe, denn da ſetzte ſich die ganze Familie auf einen Wagen oder ſtieg zu Pferde, um der Predigt anzuwohnen, die ein Paar Meilen entfernt gehalten wurde und die ganze Nachbarſchaft auf zehn Meilen zuſammenführte. Doch gings nach der Predigt in den Store, den Grocerieſtore nämlich, und es wurde ein tüchtiger Schnaps aufgeſetzt, zur Verdauung, der Predigt nämlich. So gings von Woche zu Woche, von Monat zu Monat; und der Sommer brachte keine Veränderung, ſondern nur längere Tage, und folglich auch mehr Arbeit. Da erfaßte ihn eines Tages, zum Glück war's gerade ein Tag, wo er ſeinen Monatslohn nach vielem Drängen erhalten hatte, — eine ſolche Sehnſucht nach friſchem Fleiſch und Lagerbier, von welch' letzterem er ſich nur noch einen ſehr entfernten Begriff machen konnte, daß er ſeine ſieben Sachen zuſammenpackte und auf und davon ging.

Zufälliger Weiſe lag die Stadt, nach der er ſich wandte, an einem Fluſſe, welche in Amerika alle ſchiffbar ſind. Auf dem Fluſſe befanden ſich verſchiedene Dampfboote und auf den Dampfbooten werden immer „Hände“, d. h. arbeitende Menſchen verlangt. Nach einigen Präliminarien, d. h. nachdem er ſich vollgegeſſen und mehr als ſatt getrunken hatte, nahm er ſein auf der Farm eingetrichtertes Engliſch in beide Hände und ſtellte ſich dem Kapitän eines dieſer Boote vor. Es dauerte auch nicht lange, ſo ward er als zweiter „Porter“, d. h. als zweiter Haus oder vielmehr Dampfbootsknecht angeſtellt.

Auf den Dampfbooten hat's Einer nicht ſchlecht, auch wenn er die niedrigſte Stelle bekleidet. Das Eſſen iſt gut, das Trinken vollauf und wenn Einer ſich einmal erſt an die Angſt gewöhnt hat, in dem nächſten Augenblicke in die Luft zu fliegen, ſo iſt's eine recht leidliche Exiſtenz. — Als zweiter Porter hatte er gar Nichts zu thun, als die Waaren und das Gepäck der Reiſenden mitzuübernehmen, in die verſchiedenen Kajüten zu tragen oder in den unteren Raum zu ſchaffen und bei den betreffenden Anlandungspunkten wieder an's Tageslicht zu fördern. Der neu gebackene Porter that ſeine Schuldigkeit und nach einigen Wochen ſchon merkte der Kapitän, daß hinter dem Mann ein halber Gelehrter oder wenigſtens ein Stück von einem Genie ſtecke und ſchon war's nahe daran, daß eine Beförderung eingetreten wäre, da begab es ſich eines Tages, daß der Herr Porter den Mantelſack eines Reiſenden in's Waſſer fallen ließ und zwar gerade da, wo's ziemlich tief war. Wär's nur der Mantelſack eines Franzoſen oder Deutſchen geweſen, ſo hätt's Nichts zu ſagen gehabt, ſo aber gehörte das Felleiſen einem Amerikaner und noch dazu einem Kongreßmitgliede. Somit zog der Kapitän einen Revolver, womit Kapitäne immer verſehen ſind, und war im Begriff, den „Verbrecher aus Nachläſſigkeit“

niederzuschießen und damit diesem wahrheitsgetreuen Lebensbilde ein vorzeitiges Ende zu machen, als der Porter seinen Vortheil wahrnahm und mir Nichts, dir Nichts in's Wasser sprang und an's Land schwamm.

Da stand er nun, und hatte Nichts gerettet als sein Leben und die Kleider, die er anhatte und die noch dazu tropfnaß waren. Allein wenn Einer einmal Bummler, Schneider, Cigarrenmacher, Barkeeper, Dockarbeiter, Farmer, Dampfbootporter gewesen ist, so weiß er sich schon eher zu helfen. Er beschloß in die nächste Stadt zu gehen und dem Kapitän einen Proceß an den Hals zu hängen.

Es war eine sehr kleine Stadt, kaum von breitausend Einwohnern; aber doch waren zwei Dutzend Advokaten drin, die sich alle mehr oder weniger gut stellten. Die ersten Vier, an die er sich wandte, fragten ihn, wie viel er Geld habe, und da sie erfuhren, daß er keins habe, sondern erst durch seinen Proceß Eines erlangen wolle, so lachten sie ihm in's Gesicht, hießen ihn einen Narren und sagten, er solle zum Teufel gehen. — Da ging er denn auch hin, nämlich zum fünften Advokaten. Der nahm den Proceß an, aber unter der Bedingung, daß er, der Advokat, wenn er den Proceß gewinne, die Hälfte des zu erlangenden Schadenersatzes in die Tasche zu schieben habe. Einstweilen solle er als Schreiber bei ihm fungiren, und zwar um's „Warme", wie ein angehender württembergischer Theologe.

Das war wieder eine neue Carrière, aber eine sehr hungrige. Der Advokat gab ihm viel zu schreiben und wenig zu essen. „Das erhält den Geist lebhaft," meinte er. Einstweilen ging der Proceß seinen Gang und ein doppelter Proceß war's, ein Civilproceß, wie ein Criminalproceß. Vom ersten Richter gings zum zweiten, von einem Gerichtshofe zum andern. So ein „Mordversuch" mußte ausgebeutet werden! — Eines schönen Morgens erklärte der Advokat, der Proceß könne nun nicht mehr verloren werden und schickte sich an, auf die Court. d. i. in die öffentliche Gerichtsverhandlung zu gehen. Der Schreiber betete seit langer Zeit zum ersten Mal wieder ein Vaterunser und saß den ganzen Tag wie auf Nadeln, auf die Rückkehr des Advokaten und den Ausgang des Processes wartend. Wer aber noch da sitzen würde, wenn er gewartet hätte, das wäre der Schreiber, denn der Advokat kam nie wieder. Den andern Tag las man in allen öffentlichen Blättern des Städtchens, daß sich der Advokat mit dem Kapitän um eine erkleckliche Summe abgefunden habe und damit verschwunden sei.

Dem Schreiber ward bei dieser Nachricht ganz wind und weh zu Muthe; er hatte sich schon auf seine 5000 Dollars Entschädigung gefaßt gemacht, und nun war er um Nichts reicher, als eine Erfahrung die er nicht einmal zu Gelde machen konnte. — Was blieb ihm übrig, als sich wieder auf die Reise zu machen?

Er kam an einer katholischen Kirche vorbei, wo gerade feierliche Messe war. In seiner Betrübniß setzte er sich auf die Stufen zum Eingang und sang zur Musik so wehmüthig mit, daß es wie lauter „Tremolando" klang. Der Meßner stand nicht weit von ihm, klopfte ihn auf die Achseln und beschied ihn nach der Messe zum „Hochwürdigen". Dieser fragte ihn nicht lange nach seiner Religion, weil er annahm, daß Einer, der auf einer katholischen Kirchentreppe tremulirt, nothwendig katholisch sein müsse, und engagirte ihn als Kirchensänger auf alle Sonntage. Der „Hochwürdige" hatte zugleich noch ein Amt für ihn, nämlich das eines Hauslehrers bei den Nichten seiner Haushälterin. — Das war eine prächtige Anstellung! Nur Etwas machte ihm im Anfang bange, nämlich wie er's anfange, daß der Hochwürdige und seine Haushälterin nicht merken, daß er eigentlich protestantisch sei, obgleich er seit lange nicht gewöhnt war, von seiner Religion Gebrauch zu machen. Da war aber ein irisches Dienstmädchen im Hause und die unterrichtete ihn im „Bekreuzigen" und manch' anderem katholischen und nichtkatholischen Mysterium.

„Hier ist gut wohnen," sagte er oftmals zu sich selbst, wenn er einen Kalbsschlegel nebst einer Flasche aus des Hochwürdigen Privatkeller verzehrte, die ihm das irische Dienstmädchen auf die Seite gethan hatte; allein das Unglück wollte, daß auch hier seines Bleibens nicht war. Einstmalen konnte der Hochwürdige nicht schlafen, stolperte im Hause herum, und fand das Dienstmädchen eben damit beschäftigt, den „Ketzer" in der allein seligmachenden Religion zu unterrichten. Der Pfarrer meinte aber, daß das Proselytenmachen ihn allein angehe, und jagte den Neophyten noch in derselben Nacht zum Hause hinaus.

Der ehemalige höhere Bummler fügte sich in sein Schicksal und war noch froh, wenigstens a l l e i n und nicht m i t seiner Eva hinausgeworfen worden zu sein.

In der nächsten Stadt befand sich gerade eine deutsche Schauspielertruppe. Der „höhere Bummler" fühlte einen Drang in sich, es auch einmal mit dem „Schauspielen" zu probiren. Er erklärte also frischweg, in Magdeburg als Don Carlos und in Breslau als Clavigo aufgetreten, und überall vergöttert worden zu sein. Zufällig war der erste Liebhaber gerade durchgebrannt; so ward der höhere Bummler alsobald noch an demselben Abend zu einer Gastrolle zugelassen. Das Publikum hatte sich in Masse eingefunden; der Vorhang ging auf, der erste Liebhaber erschien, wußte aber von seiner Rolle keine Silbe, und hatte noch extra das Unglück, den Souffleur nicht zu verstehen, weil dieser gerade heiser war. Das Publikum fing an zu pfeifen und er fing an zu schreien, um das Pfeifen zu übertäuben. Je mehr das Publikum pfiff, um so mehr schrie er. Der Lärm wurde furchtbar; man warf mit faulen Aepfeln nach ihm; er warf sie wieder gegen das Publikum. Einige der Vordersten sprangen auf die Bühne; die Prügelei begann und das Ende vom Liede war, daß der Clavigo von Breslau und Don Carlos von Magdeburg mit zerschlagenem Kopfe und zerrissenen Kleidern zum Städtchen hinausflüchtete.

„Einmal Schauspieler und nie wieder!" — Jetzt dachte er aber im Ernste daran, ein solides Metier zu ergreifen. Er war nun bisher Alles gewesen, was man in Amerika unter die freien Künste zählen kann, und jetzt war's an der Zeit, sich „häuslich niederzulassen".

Im nächsten Wirthshaus besserte er zuerst seine Kleider aus, und dann nahm er die Zeitung zur Hand, ob sich unter den „verlangten" Arbeitern kein passender Platz für ihn finde.

„Ein Protestantischer Geistlicher wird verlangt!" So stand mit großen Buchstaben drin geschrieben. „Das wäre was für Dich", dachte er, aber — es wurden gute Zeugnisse und eine Probepredigt verlangt. Der Gedanke an die Pfarrei ließ ihn nicht schlafen. Er stand in der Nacht auf, holte seine Nadel und Scheere hervor und verwandelte alsbald seinen Rock, den er noch von der Kirchensängerei hatte, in einen schwarzen Frack. Von weißem Papier schnitt er sich große steife Vatermörder, um den Hals schlang er sich ein weißes Tuch, — ein Stück von seinem Hemde, künstlich zusammengeflickt; das Haar strich er weit zurück hinter die Ohren, und um die letzten Paar Schillinge kaufte er sich eine Brille von Fensterglas, um desto gelehrter auszusehen. Es war keine Zeit zu verlieren, den nächsten Sonntag schon sollte die Probepredigt stattfinden.

Der Eindruck, den seine Erscheinung machte, war bedeutend; das merkte er gleich, wie er seinen Besuch bei den „Aeltesten" machte. Besonders der Squire, d. i. der Schultheiß und dessen Tochter, eine feine Dame von dreißig Jahren mit rothen Haaren und Sommersprossen im Gesichte, fanden bedeutendes Interesse an ihm. Doch hatte er zwei Konkurrenten zu überwinden. Dem Einen sah man den Schulprovisor schon von Weitem an und der Andere schien früher viel in „Pech" gemacht zu haben. Der Squires-Tochter that die Wahl nicht weh, und „Jetzt oder nie", rief unser Schneider, als er in der Nacht die mit viel Kopfzerbrechen aus des Squires Bibliothek zusammengestoppelte Predigt memorirte. — Die Probepredigt wurde gehalten und unser Held blieb Sieger. Zwar die Zeugnisse konnte er nicht beibringen; aber die andern zwei Kandidaten, der Provisor und der Schuhmacher, hatten auch keine. Und überdies erklärte sich die Squiretochter, die in Theologicis als Autorität galt, mit dem „Examen", das sie mit dem Kandidaten angestellt, „zufrieden."

So ward der viel geprüfte Mann: Pfarrer, und die Squires-Tochter Frau Pfarrerin.

Und wie es diesem erging, so ist's schon Dutzenden und Hunderten ergangen; und Dutzende von ihnen sind jetzt noch Pfarrer und gerade so hoch angesehen, als hätten sie ihre Lebetage nichts anders getrieben, als Theologie.

„Heute Schneider, — morgen Pfarrer!" — in einem Jahre ist er vielleicht Zeitungsreporter, d. i. Zeitungsnachrichtenneuigkeitserfinder, vier Wochen darauf Leichenbesorger und ein Vierteljahr später öffentlicher Notar.

27.

Der Bürgergardist.

Die Vereinigten Staaten haben so wenig stehendes Militär, daß ein deutscher Staatsmann die Hände über den Kopf derob zusammenschlagen muß. Wie doch ein Staat, der fast so groß ist, als ganz Europa zusammengenommen, mit 32,000 Mann, (die reguläre Armee der Vereinigten Staaten Armee besteht gegenwärtig aus 32,512 Mann darunter 2358 Offiziere, in 25 Infanterie-, 10 Kavallerie und 5 Artillerie-Regimenter), auskommen kann! Aber Thatsache ist's: er kommt aus und sogar diese wenigen Mann sieht man so zu sagen nirgends, denn, außer einigen kleinen Besatzungen in den Küstenforts, werden sie alle an den Grenzen des Landes gegen die stets meuterischen und stets kriegerischen Indianer verwandt. Hat aber Amerika fast kein stehendes Militär, so hat es um so mehr Bürgermilitär. Die Miliz beträgt über zwei Millionen Mann!

In Amerika hat ein Bürger drei Dienstleistungen gegen den Staat. Er muß Geschworenendienste verrichten, oder als Feuerlöschmann fungiren, oder bei der Miliz eintreten. Letzteres ist die Liebhaberei der Deutschen.

Er könnte sich zwar davon losschälen, wenn er jährlich einige wenige Schillinge bezahlte, aber — Gott bewahre, er hat eine Passion für das Söldatlesthum, und seine Frau eine Leidenschaft für die Uniform. Er ist vielleicht aus Deutschland ausgewandert, um nicht unter's Militär zu müssen; ja er ist vielleicht flüchtig geworden, um dem „zweierlei Tuch" zu entgehen, aber — in Amerika weiß er nichts Eiligeres zu thun, als sich zur Miliz zu melden und Bürgergardist zu werden. Ja, er tritt unter's Gewehr, noch ehe er eigentlich das Recht dazu hat, denn er sollte pflichtschuldigst vorher fünf Jahre im Lande und Bürger geworden sein, ehe er Milizdienste thun kann und darf: aber — es ist so schön, Soldat zu sein, d. h. eine Uniform zu tragen, daß er die langen fünf Jahre nicht abwartet und sich schon früher einreihen läßt.

Freilich, der Dienst ist nicht gar schwer. Ein Bischen Drillen, ein Paar Wochen lang am Abend, wenn's Geschäft vorüber ist, und alle Jahre einmal ausrücken zur Inspektion vor'm General, das ist fast Alles; denn daß das Bürgermilitär wegen eines Aufruhrs, eines Straßenkrawalls, unter die Waffen gerufen wird, gehört unter die großen Seltenheiten. Freilich, wenn das Bürgermilitär ausrückt zur Inspektion, würde mancher Linienoffizier den Kopf schütteln. Die Schwenkungen, die ganze Haltung würde ihm gar absonderlich vorkommen, und besonders das Bürgermilitär „zu Pferde" würde sein ganzes Erstaunen hervorrufen; aber — Amerika lebt ja im Frieden mit Jedermann. Der Bürgergardist ist ja kein Soldat aus Handwerk, sondern, weil es ihm Spaß macht, er ist ein freier Mann, also auch frei in seinen Bewegungen, Schwenkungen u. s. w. Der Dienst ist also nicht schwer, aber um so verlockender ist er, und so verlockend, daß nur Wenige ihm widerstehen können. Oder — haben die Herren Bürgergardisten nicht das Recht, wenn sich ihrer D r e i ß i g oder V i e r z i g zusammenthun, eine eigene Kompagnie zu bilden, was ihnen für eine beliebt? — Haben sie nicht das Recht, ihren Hauptmann, ihre Lieutenants, ihre Unteroffiziere selbst zu wählen, und hat nicht Jeder unter ihnen so gut Anwartschaft zu einem solchen Ehrenposten, als der Andere? Ja wählen sie nicht s o v i e l e Offiziere und Unteroffiziere, daß wenigstens die h a l b e Mannschaft chargirt ist? Und dann die vielen Meetings, worin berathschlagt wird über die Wichtigkeit aller Wichtigkeiten, über die Uniform? Sollte d a s nicht verlockend sein, wenn die Kompagnie das Recht hat, jedem Gemeinen schon eine Offiziersuniform zu geben? Und dann vollends die Scheibenschießen alle Jahre, wo man fast gewiß ist, einen Preis zu bekommen? — Na, wer da widerstehen kann, der ist aus Holz geschnitzelt und stammt nicht von deutschem Heldenblute!

Es ist ein schönes Mixtum compositum, das Bürgermilitär in einer großen Stadt! Am einfachsten sind noch die „amerikanischen" Regimenter; die S c h o t t e n tragen sich schon „vaterländisch", fast ganz wie die schottische Leibgarde der Königin in England; die I r l ä n d e r lieben das Bunte und Farbige und „Grün Erin" ist Nirgends vergessen; — die d e u t s c h e n aber, und diese sind noch die Hauptsache, denn mehr als zwei Drittheile der Regimenter sind deutsch, — na, die Deutschen, wem da das Herz nicht aufgeht, der hat gar kein's im Leibe! Da giebt's Preußen mit den Pickelhauben, Uhlanen, Dragoner und Husaren, Schwarze Jäger und Tyroler-Scharfschützen; deutsche Landwehrleute u. s. w., von überall her werden die Namen und die Uniformen entlehnt, letztere nur etwas idealisirt, etwas mehr mit „Pelz und Busch" versehen, damit's auch etwas gleich sieht. Es überläuft Dich ein Zittern, wenn Du die grimmigen Krieger unter ihren Helmen und Roßschweifen oder ihren ellenhohen Bärenmützen, den klirrenden Schleppsäbel an der Seite einherstolziren siehst! Und dann noch der Schnurrbart, — der lange grimmige Schnurrbart! Ein Deutscher und besonders ein deutscher Bürgergardist ohne Schnurrbart wäre ja ein Unding! „Sie sollen nur kommen, die Herren Engländer oder Franzosen, — — wir hauen sie zusammen, wie Kraut und Rüben!" so spricht der Bürgergardist und pflanzt sein Bajonnet auf.

Die Kompagnien werden mit Nummern und Zahlen bezeichnet und zu Regimen-
tern geschlagen. Viele Deutsche aber ziehen es vor „unabhängige Corps" zu bilden, eine Art Freicorps, die im Kriege als Guerrillas verwandt werden könnten. Die
Ersteren bekommen wenigstens ihre „Wehr und Waffen" vom Staate und aus den
Staats-Arsenalen; die Letzteren haben sich Alles selbst anzuschaffen, aber dafür
haben sie auch das Recht, ihrer „Guard" einen schönen Namen zu geben. Die Eine
heißt sich „Lafayetteguard", die Andere „Washingtonguard", die Dritte ist die
„Steubenguard", die Vierte die „Butchersguard" und die Fünfte die „Bäcker-
guard"; auch existirt eine „Brauerguard", „Horseguard", „Fettmannsguard" (in
diese darf Niemand eintreten, der nicht mindestens 250 Pfd. wiegt); ja sogar eine
„Umbrellaguard", d. h. eine Regenschirmgarde hatte sich früher in New-York gebildet; dieselbe trug schwarzen Rock, schwarze Hose, schwarzen Hut mit einem kleinen
Regenschirm als Kokarde und statt des Gewehrs einen großen, baumwollenen,
veritabeln Regenschirm unter dem Arme. — Auch eine Gegend.

Es kostet Geld in Amerika, Bürgergardist zu sein! Da ist vor Allem die Uniform;
die schafft sich Keiner leicht unter fünfzig Dollars an, wenn die goldenen Litzen
und die schweren Epauletts auch nur ein Bischen „generalsmäßig"
dreinschauen sollen. Die von der „Regenschirmguarde" und Andere kamen freilich
wohlfeiler weg; aber um so theurer wieder die von den „Dragonern", „Uhlanen",
„Husaren". Zu einem solchen Corps können natürlich nur Leute treten, die ihres
Geschäftes halber schon ein Pferd halten, als Metzger, Grocer, Bierbrauer, Bäcker
u. s. w.; man sieht diesen Herren Kavalleristen aber ihre sonst ehrenwerthe Beschäftigung in meilenweiter Entfernung an. Zu einem „fußgehenden" Corps langt's
schon für einen Schuhmacher, Schreiner, Conditor, Schneider und vor Allen für
einen Wirth. Ein Wirth und kein Bürgergardist! Es wäre ja gegen allen Anstand! Der muß doch was draufgehen lassen können! Und dann — trägt's ihm
nicht wieder Geld ein? Ist denn nicht das „Drillen" da? Und wenn auch auf
Staatskosten gedrillt wird, erregt das Ding nicht Durst und viel Durst und was
ist also natürlicher, als daß man nach vollendeten „Studien" beim Bruder „Wirth"
einfällt? Ja, noch mehr, die vielen Versammlungen, die nöthig sind, um über die
Uniform und nachher um über den „Ball" und das „Scheibenschießen" zu bestim-
men, tragen die dem Bruder „Wirth" nicht wieder Geld ein? — Ein Wirth muß
daher bei einer Kompagnie oder einer Guard sein und wenn er das Ding beim
rechten Fleck anpackt und das „Traktiren" loshat, so kann's ihm auch gar nicht
fehlen, die Kapitäns- oder doch eine Lieutenantstelle zu bekommen! — Oh, welche
Lust, Soldat zu sein! Es kostet zwar noch mehr Geld, Offizier zu sein; der Säbel
kostet Geld, und das Traktiren und Freihalten kostet viel Geld; aber — „und wenn
das halbe Vermögen drauf geht," sagt die Frau, die ihren Vaterlandsvertheidiger
partout mit veritabeln goldenen Epauletten sehen will! — Ist nämlich der Mann
schon darauf versessen, Soldätles zu spielen, so ist's die Frau noch viel mehr,
besonders die, welche keine Kinder hat. Die Katzen- und Hundeliebhaberei ist in
Amerika nicht gar sehr zu Hause, wohl aber die Uniformliebhaberei und am aller-
meisten die Offiziersstellenliebhaberei. Viel, sehr Viel, ist sie bereit aufzuopfern,
die Frau Schuhmacherin oder Grobschmiedin oder Seifensiederin oder Wirthin,
wenn nur ihr Mann Kapitän wird!

Und warum denn nicht? Hält nicht jede Kompagnie oder Guard alle Jahre ihr Scheibenschließen und ihren Ball? Und sind nicht die Frauen bei letzterem die Hauptsache und bei ersterem wenigstens der Mitpart?

Das Scheibenschießen wird in der nächsten Umgebung der Stadt abgehalten. Die Kompagnie rückt aus, festlich geschmückt, zwölf Chargirte und sechzehn Gemeine, — voraus die Musik, prächtige Trompetermusik mit der großen Trommel und dem Piccolo, zum mindesten vierundzwanzig Mann; hintend'rein die „Judges", d. i. die Preisrichter in schwarzem Fracke, mit dem die „Preise" tragenden Neger zum Schlusse. Alle Fenster thun sich auf, wenn die „Guard" einherzieht, und sie zieht natürlich durch alle Hauptstraßen der Stadt, und die Frauen der Gardisten, — ha, wie thun die sich auf! Sie haben von Geschmeide an sich, was sie auftreiben können; ein seidenes Gewand umschließt ihre kräftigen Glieder und fortmarschiren auch sie auf den Kampfplatz, d. h. sie fahren mit der Eisenbahn an Ort und Stelle, um ihre Männer nach erfolgtem Schießen im Essen und Trinken zu unterstützen.

Lieber Leser, die Scheibenschießen sehen sich in der ganzen Welt gleich; die amerikanischen aber haben die Eigenthümlichkeit der „Judges" für sich. Ein „Judge" oder Preisrichter darüber, wer am besten geschossen, ist stets ein guter Bekannter der Kompagnie, aber nie ein armer. Man ist in dieser Beziehung sehr wählerisch. Der Preisrichter hat nämlich für die Ehre zum Preisrichter erwählt worden zu sein, eine „Gabe" zu stiften, die herausgeschossen wird. Es darf ein silberner Becher oder eine goldene Uhr, eine Büchse oder ein Dutzend Löffel sein, — Alles wird angenommen, sogar „baar Geld", ein Fünfdollarstück oder so etwas. Je mehr Judges, um so mehr Gaben, daher ist die Zahl der Preisrichter nie gering. Uebrigens fallen auch von „Freunden der Kompagnie", von dem Wirthe, wo der „Ball" gehalten wird und Anderen — Präsente. Jedenfalls müssen so viel Gaben sein, daß jeder Gardist einen Preis gewinnt! Und was ist das nun für ein Jubel! Keiner fühlt sich gekränkt, denn Jeder hat gewonnen! Die Judges werden fast ersäuft im Champagner! Und das Essen, wie prächtig ist es! Und die Frauen, wie glänzen sie vor Freude! Und die Toaste, zuerst auf den Kapitän, dann auf den Gastgeber und dann auf alle Andere! Und die Musik, wie schallt sie! Es ist doch was ganz Anderes, mit leerem Magen blasen, als mit vollem!

Und wie das Scheibenschießen, so der Ball. Große und lange Konferenzen sind gehalten worden über das Wo und das Wann; aber endlich ist der Tag bestimmt. Das Lokal wird schon vier Wochen vorher gemiethet und — die Karten werden ausgegeben. — Ein Ball ist ein Ball in der ganzen Welt; ein amerikanischer Guardball aber hat seine ureigene Eigenthümlichkeit: die Eigenthümlichkeit des Karten- oder Ticketverkaufs. Anderswo in der Welt zahlen die Mitglieder der Gesellschaft die Ballkosten und laden Freunde dazu ein. In Amerika werden auch Freunde eingeladen, aber die Eingeladenen müssen die Ballkosten bezahlen. Das ist der einzige Unterschied. Zu dem Ende bekommt jeder Gardist eine Anzahl Ballkarten oder Tickets zum Verschluß in die Hände und geht nun bei seinen Bekannten hausiren, um die Tickets à 1 Dollar per Stück abzusetzen. Wehe dem Grocer, — wehe dem Wirthe, — der kein Ticket nimmt, es ihm kommt er nie mehr! Die Tickets müssen, müssen verkauft werden, und wenn er die Leute dazu nothzüchtigen müßte. Und eine Nothzüchtigung ist's in vielen Fällen, und eine schmachvolle dazu! Aber was liegt daran, wenn nur zweihundert Tickets verkauft, so macht's zweihundert Thaler, und um zweihundert

Dollars, und um zweihundert Dollars kann man ein schönes Lokal miethen, viel Musik machen lassen und besonders viel essen und trinken. Den anderen Tag kommt doch in der Zeitung: „Große Festlichkeit, herrlicher Ballabend, ausgezeichnete Gesellschaft, famose Gemüthlichkeit.

Und was meinst du, wie erst da die Frau Lieutenantin, und gar vollends die Frau Kapitänin glänzt! An einem solchen Abend kann sie erst sagen: „ich habe gelebt!"

Nach sechs Jahren ist die Dienstzeit des Bürgergardisten vorüber, und von nun an ist er zu keinem Dienste mehr verpflichtet. Aber er hat eine solche Freude an seiner militärischen Laufbahn bekommen, daß er sich unmöglich davon trennen kann; am allerwenigsten, wenn er eine Charge bekleidet. Wie könnte Einer den Kapitänstitel aufgeben! Und der Sergeant hat ja Hoffnung, Kapitän zu werden!

Mit der Hälfte Geld, das ein Bürgergardist für sich und seine Uniform ausgiebt, könnte man einen europäischen Liniensoldaten erhalten; allein wenn der Bürgergardist da z u Geld hergeben sollte, so würde er sich schön bedanken; was er für sich ausgiebt, giebt er zu seinem eigenen Vergnügen aus, und — sein Geschäft leidet darunter nicht Noth, wenigstens nicht viel.

Die Kapitäns und Lieutenants müssen „Stunden" nehmen, um ihr Kommando loszubekommen, denn das Kommando ist englisch und gar schwer zu begreifen, zumal für einen Schuhmacher oder Bäcker oder Grocer. Es ist Thatsache, daß ein durch Treaten gewählter New-Yorker Oberst e r st n a ch d e r W a h l bei einem aus Deutschland flüchtig gewordenen Officier nicht nur das Kommando, sondern auch das Exerciren lernen mußte. Derselbe wurde später General. O heiliger Moltke, was würdest du zu diesem Kollegen sagen? Diese amerikanischen Officiere würden lieber gestorben sein im alten Vaterlande, als eine solche Zumuthung, Soldat zu sein, erfüllt haben! Hier aber geschieht's zur „Ehre des Vaterlandes", d. h. zur Ehre der Uniform und der Frau Gemahlin, und in den Kopf muß es hinein, und wenn der Nürnberger Trichter dazu geholt werden müßte. Aber — es lohnt sich auch! „Wie steht der Weizen im Preise, Herr Lieutenant? — Was kostet ein Paar Stiefel, Herr Kapitän? — Ein Glas Bier, Colonel; — ein feiner Käse, Major; — was kostet das Bureau, General?" — Seit dem letzten Kriege in der Union laufen die Colonels und Generals wild umher. So steht es mit der Bürgermiliz in der Union.

28.
Der Fifth-Avenue-Mann.

„Amerika ist das Land der Gleichheit. Da giebt's keine Standes- und Geburtsvorrechte und absonderlich keinen Adel, weder Familienadel, noch Militäradel, noch Ordensadel."

Sie haben ganz Recht, die Leute, die so schwatzen, nur haben sie Eine Adelssorte vergessen, den G e l d a d e l, und bekanntlich ist der Geldadel von allem Adel der unliebenswürdigste.

Die Fünfte Avenue in New-York ist die Straße der Paläste. Da sieht man keinen Karren fahren und keinen Omnibus; keine Eisenbahn ist da gelegt und kein Lohnkutscher peitscht auf seine Rosse. Kein Kaufmann oder Krämer hat hier seine Boutique aufgeschlagen und nicht einmal ein Bäcker oder Metzger hat sich eingefunden. Nichts als Palast an Palast. Und dazwischen hinein englische Gärten und Orangerien und Springbrunnen, und auf der stillen breiten Straße die herrlichen Karossen der Reichen mit den noch herrlicheren Racepferden! — Wer Pracht sehen will, der gehe in die Fünfte Avenue in New-York.

Pracht von Außen! Pracht von Innen! Da ist auch gar nichts vergessen! Billardsalon, Bibliothek, Kegelbahn, Kneipzimmer, Rauchzimmer, Spielzimmer, Ballsaal, Audienzsaal, Gesellschaftssaal, Empfangzimmer, Familienzimmer, Vorzimmer, Geheimzimmer — Alles ist da und Alles mit fürstlicher Pracht eingerichtet. Kostete das Palais seine Hunderttausende, so kostete die Einrichtung ihre Zweimalhunderttausende! Gemälde, Basreliefs, Teppiche, Gold — es ist eine Verschwendung, wie sie nur ein Geldfürst zeigen kann.

Und wer herrscht in diesen Prachtgemächern? Ein Mann, der vielleicht von all' den Büchern seiner Bibliothek noch nicht Eins gelesen hat; — ein Mann, der möglicher Weise seinen Namen nicht korrekt schreiben kann; aber ein Mann, der zehn deutsche Adelsgüter zusammenzukaufen im Stande ist, ohne vielleicht mehr ausgegeben zu haben, als sein doppeltes Taschengeld!

Der Fifth-Avenue-Mann hat seinen Reichthum nicht von seinen Voreltern ererbt. Ererbter Reichthum ist in Amerika in Grundeigenthum angelegt, und die „alten" amerikanischen Familien, die auf ihren großen Gütern residiren, entfalten auf ihren behäbigen Landsitzen keinen Geldbrotzen-Luxus, sondern einen gebildeten, comfortabeln Wohlstand. Der Fifth-Avenue-Mann hat seinen Reichthum auch nicht erworben, d. h. nicht durch eisernen Fleiß, wie ein Handwerker, oder durch geistige Besonnenheit und Ueberlegung, wie ein Kaufmann, erworben; nein, sein Reichthum ist ihm zugefallen, wie dem Glücklichen ein Fund zufällt und dem Waghals ein Glück.

Er hat jedenfalls gering angefangen, aber er wagte sich in kurzer Zeit in Spekulationen hinein, die seine Kräfte zehnmal und hundertmal überstiegen. Die Börse wurde sein Element und er setzte Dutzendmale Alles auf einen Wurf. Feigheit und Zaudern ist nicht Sache des Amerikaners. Alles oder Nichts ist sein Wahlspruch. Und so wurde der kleine Geldwechsler in wenigen Jahren ein Millionär. — Vielleicht war er auch mit einem Senator verwandt, der Fifth-Avenue-Mann, oder mit einem Kongreßmitglied verschwägert und der rieth ihm, Ländereien im „Westen" aufzukaufen, in einer Gegend, die kaum dem Namen nach als amerikanisches Besitzthum bekannt war. Er kaufte die Ländereien fast um Nichts, kaum um den Preis, den die Staatsregierung dafür ansetzt und hatte noch den Vortheil, nur ein kleines Angeld zahlen zu müssen, die Hauptsumme aber stehen lassen zu können. Natürlich von der Urbarmachung und Kultivirung dieser Ländereien war bei ihm keine Rede; aber — er wußte es durch seine Vettern, den Senator und Kongreßmann dahin zu bringen, daß „selbige" Gegend der Einwanderung geöffnet wurde; er wußte es, durch Geld und gute Worte natürlich, dahin zu bringen, daß eine der verbreitetsten Zeitungen sich der Sache annahm, und den Strom der Menschen dahin leitete, und nach wenigen Jahren schon wurde jenes Territorium als Staat in die Union aufgenommen; auf seinen Besitzthümern war inzwischen eine Stadt angelegt worden und der Werth seines Eigenthums hatte sich um's Hundert-, ja Tausendfache gesteigert. Natürlich, — ohne einen kleinen Abtrag an den Senator und Kongreßmann ging's nicht ab, aber es blieb ihm genug, um Fifth-Avenue-Mann zu werden. — Vielleicht auch träumte es ihm bei Nacht einmal von einer „neuen Eisenbahnlinie durch bisher unbekannte Länder." Ein Comité gleich Unternehmungsluftiger ward bald zusammengetrommelt. Die neue Linie wurde verzeichnet und den Actionären ein ungeheurer Profit in Aussicht gestellt. Die Aktien gingen reißend ab, und noch ehe ein Spaten angerührt war, um den Bahndamm zu graben, war das Comité, war er, der Direktor des Comités, ein Millionär. Was lag ihm daran, wenn nachher die Aktionäre um ihr Geld kamen? Er hatte sein Schäfchen geschoren, e r ist Fifth-Avenue-Mann!

So kam er zu seinem Gelde. Nun er es aber hat, giebt er sich alle Mühe, als Gentleman zu erscheinen. Doch, es ist nicht so leicht das Ding, wie man glaubt, besonders nicht für Einen, der so zu sagen gar nicht erzogen wurde. Der Bauer bleibt Bauer, auch wenn er reitet! — Er kauft sich also Kleider, die in Paris gemacht waren, und trägt sich, wie ein Vetter Lord Palmerston's; — er hält seine Maitressen, wie ein französischer Herzog; — er spielt wie ein ehemaliger russischer „Seelenbesitzer"; er schneuzt sich mit spanischer Grandezza. Aber — am wohlsten ist's ihm doch, wenn er sich heimlich in eine irische Schnapskneipe schleichen kann, um dort incognito in alter Nonchalance seinen früheren Gewohnheiten nachzuhängen. — Ist er zurück in seinem Palaste, so verlegt er sich wieder auf den „Anstand". Anstand und Würde ist sein Hauptstudium und Frau und Kinder müssen ihn hierin unterstützen. Seine Frau darf daher nie im Negligé erscheinen, sondern ist stets aufgedonnert, wie eine Pfauhenne, und seine Töchter riechen nur nach Ambra und zwar ächtem. Frau und Töchter legen sich womöglich in seidenen Kleidern in's Bett; sie haben's ja, was brauchen sie schonend damit umzugehen!

Die Erziehung seiner Kinder liegt ihm sehr am Herzen. Er beweist dies dadurch, daß er denselben ein Piano anschafft, das seine tausend Dollars gekostet hat, und einen Musiklehrer hält, der mindestens ein französischer Marquis ist. Nicht ein in Frankreich ansäßiger Marquis, sondern so ein „Landesflüchtiger"; Einer, dem irgend eine französische Regierung das Vermögen konfiscirt hat, und dessen ganzes Marquisat jetzt in einem falschen Solitär besteht, einem Erbstücke seiner Ahnen, wie er sagt. Böswillige Zungen behaupten, der Herr Marquis sei ein durchgebrannter Pariser Friseur; aber die „Lady" des Fifthavenuemannes weiß das besser; denn sie steht sehr gut mit dem Marquis und er nicht minder gut mit ihr.

Der Fifthavenuemann ist nur dann vollkommen, wenn er in den heißen Sommermonaten ein Bad frequentirt. Und ein berühmtes Bad muß es sein, Eines wo die „fashionable" Welt zusammen kommt, und wo die einzelne Person des Tages nicht u n t e r zehn Thalern brauchen kann. Die wohlfeilen Bäder sind nur für das gemeine Pack. — Freilich, wie herrlich kühl müßte es in diesen Glühmonaten in den hohen, weiten Räumen des Palastes in der fünften Avenue sein! Wie prächtig müßten sich die Sommerabende im Schatten der Fifthavenue-Orangerie zubringen lassen! Und wie langweilig, wie eng, wie heiß, wie staubig ist's dagegen in den überfüllten Räumen des Bades! — Aber die „Fashion" will's so haben und der Fifthavenuemann möchte lieber zehntausend Dollars verlieren, als die Fashion, die Mode, beleidigen.

Mitunter passirt dem Fifthavenuemann etwas Menschliches. Einige Häuser der Wallstreet, mit denen er in Verbindung steht, falliren; die Aktien der Eisenbahn, die er gegründet, sinken auf einmal auf ihren „wahren" Werth: die Bank, zu der er gehalten, und deren Präsident er vielleicht sogar ist, bricht; — dann adieu

Fifthavenue. Der kurze Traum ist vorbei und s e i n Palast wird von einem Andern erstanden, der vielleicht durch s e i n Fallissement reich geworden ist. Ein Glück für ihn, wenn er dem „Fall“ nicht durch einige „Staatsstreiche“, als : falsche Wechsel und dergleichen, abzuhelfen suchte; denn s o n st wäre ihm „Sing-Sing“ gewiß. Banquerotte Leute, aber nur Leute, die nicht mehr z a h l e n können, v e r - d i e n e n das Zuchthaus! — Und es lebt nicht blos Einer in Singsing, dem großen Staatszuchthause, der nicht schon in der fünften Avenue seinen Palast gehabt hätte.

Die Hälfte seines Vermögens gäbe der Fifthavenuemann darum, wenn er nur eine Woche lang „Lord“ sein könnte! Ja um einen deutschen Baronitel schon würde er ein Namhaftes bezahlen, und — wenn es vollends „Orden“ gäbe in Amerika, oder wenn man nur wenigstens das Recht hätte, „fremde“ Orden zu tragen; ach w i e glücklich würde ihn das machen! — In Ermanglung dessen läßt er wenigstens ein „Wappen“ auf seinen Staatswagen malen. Was es für ein Wappen ist, ist ihm gleich. Das überläßt er dem Maler; aber — ein prächtiges, in die Augen fallendes Wappen muß es sein, sonst zahlt er kein Honorar.

29.

Die Intelligence-Office.

Mägdeverbindungsanstalten und Geschäftsnachweisungsbureaus giebt's in allen gebildeten Staaten, warum sollte es also keine in Amerika geben? Es ist aber doch ein Bischen anders in Amerika, als anderswo.

Die Intelligence-Office oder das Nachweisungsbureau befindet sich stets in einer frequenten Straße und immer zu ebener Erde. Meist sitzen fünfzehn bis zwanzig Mädchen drin, die auf einen „Dienst“ warten. Die Mädchen sind fast ohne Ausnahme irischer Abkunft, denn deutsche Mädchen brauchen in keine Intelligenzoffice zu gehen, um placirt zu werden. Stück für Stück zahlt seinen halben Dollar an den Officehalter und hat dafür das Recht, Tag für Tag so lange in der Office zu sitzen, bis eine Herrschaft kommt, die ein Dienstmädchen braucht. Viele sind auch „abonnirt“, d. h. sie zahlen für's ganze Jahr zwei Dollars, ein für alle Mal. Diese kommen am besten weg, denn wenn so ein Mädchen vier Wochen in einem Dienst ist, hat's lange ausgehalten. Irische Dienerinnen haben des Jahres gewöhnlich zwölf Dienste! — Und wie die Mädchen, so die Herrschaft, denn Frauen, die ihre Mägde aus der Intelligenzoffice holen, stehen nicht im Rufe, die friedfertigsten und freigebigsten zu sein. Sie zahlen für ein Mädchen ebenfalls einen halben Dollar und haben dafür das Recht, unter den Vorhandenen nach Belieben zu wählen. Viele Frauen sind daher ebenfalls abonnirt. — Allerdings eine g u t e Hausfrau — bekommt ihr Mädchen auf P r i v a t w e g e n ; — doch, wie wollte der Intelligenzofficemann ausmachen, wenn's keine zänkischen oder geizigen Hausfrauen und keine verstohlenen, lumpacivagabundirenden Dienstmädchen gäbe? ·

Die Dienstmädchenstellenverschaffung ist übrigens für eine gewinnbringende Intelligenzoffice nicht die Hauptsache. Die Hauptsache sind die Männer und deren Placirung. — Ein Mann ist nämlich gerade doppelt so viel werth, als ein Mädchen, denn er muß für einen Platz einen Dollar bezahlen. Er muß ihn auch bezahlen, e h e er den Platz hat und das ist jedenfalls für die Intelligenzoffice einträglicher und angenehmer, als wenn sie erst Geld bekäme, wenn der Platz verschafft ist. — 'S ist freilich viel ein Dollar; aber was willst Du machen? Du mußt einmal eine Stelle haben, eine Stelle als Hausknecht, als Kellner, als Packer, als Ausläufer, als Buchhalter, als Kassirer, als Kommis, als Kegelbube, als Marqueur, als irgend Etwas. Wohin sollst Du Dich wenden? — In der Zeitung werden allerdings vielmals Leute „verlangt" und Du rennst gleich hin, wenn Du die Anzeige gelesen hast, aber der Kuckuck weiß, wie es geht, wenn Du hinkommst, sind schon zehn dagewesen; die müssen die Zeitung lesen, ehe sie trocken ist, und so bald bekommst Du sie nicht. — So gehst Du endlich in die Intelligenzoffice und — opferst Deinen Dollar.

„Versteht sich! Sollen gleich eine Stelle haben! Ganz nach Wunsch!" sagt der Intelligenzofficemann und reibt sich die Hände, wahrscheinlich vor Vergnügen, Dir einen Platz verschaffen zu können, vielleicht auch wegen des Dollars. Du kommst den andern Tag wieder, aber die Stelle hat sich noch nicht gefunden. So ist's am dritten, vierten und fünften Tag. Der Officemann ist nicht schuld, denn er hat sich wegen Deiner die Füße wund gelaufen, wie er selbst sagt, oder vielmehr er hat keinen Schritt gethan, wie Dir Dein Inneres sagt. Nach vier Wochen weißt Du gewiß, daß Dein Geld hinausgeworfen ist und Du schwörst, in keine Intelligenzoffice mehr zu gehen. Aber — der Officemann lebt deswegen doch, denn außer Dir giebt's noch viele Tausende, die eine Stelle suchen und gerne einen Dollar opfern, um eine solche zu bekommen.

Kommen die Leute nicht von selber, so muß man sie locken; und das „Locken" des Intelligenzofficemannes ist jedenfalls verlockend genug.

An einem schönen Morgen liest Du nämlich in der Zeitung: „Verlangt drei feine Männer auf ein Dampfboot als Aufwärter, ein Commis für ein Handlungshaus, zehn kräftige Porter, und sechs flinke Barkeeper." — Ei, wie Du Dich auf die Beine machst, und mit Dir noch ein paar Dutzend andere junge Leute, die keine Stelle haben und die Fähigkeit in sich verspüren, als Aufwärter, Porter oder Barkeeper Dienste leisten zu können. Du triffst den Intelligenzofficemann zu Hause, wie ganz natürlich; er wartet ja auf Dich. Du verlangst Auskunft wegen der Stellen. „Mit Vergnügen, nur vorher die kleine Gebühr von einem Dollar." — „Die Stellen sind doch sicher?" — „So sicher, als die ewige Seligkeit." — Du zahlst Deinen Dollar, denn was bedeutet Ein Dollar, wenn man vierzig in Aussicht hat? Du bekommst eine Adresse und machst Dich flugs dahin auf den Weg. Du findest auch richtig den Adressaten, aber — o Leidwesen, gerade eben jetzt, vor noch nicht zehn Minuten, hat er einen Andern engagirt. Du rennst zurück in die Office und läßt Dir eine andere Adresse geben, weil ja ein paar Stellen ausgeschrieben waren; Du schonst Deine Füße nicht, um schnell an Ort und Stelle zu gelangen; allein — die Stelle ist schon vor einer Stunde besetzt worden. Der Intelligenzofficemann ist natürlich wieder nicht schuld; Du bist eben zum Unglück geboren. Hie und da bekömmt's Einen, als ob der Officemann mit den verschiedenen „Adressaten," welche die Stellen zu vergeben haben, unter Einer Decke stecke und als ob somit die zwei Beide Dich um Dein Geld prellen; allein — wer wird gleich so schlimm von seinem Nebenmenschen denken? Sieht denn der Mann aus, wie ein Betrüger? Da müßte ihm ja die Polizei längst das Handwerk gelegt haben! Ueberdieß, vertröstet Dich der Mann nicht auf die nächsten Tage, wo wieder viele Stellen offen werden? Verspricht er Dir nicht, zuerst an Dich zu denken?

Laß Dich daher die Zeit nicht verdrießen und schone Deine Sohlen nicht. Der Schuhmacher will auch leben.

Noch kühner treibt's die Intelligenzoffice, die gleich „Engrospartien-Stellen" ausschreibt. Sie verlangt z. B. dreihundert Arbeiter an den Canal zu zwei Dollars per Tag und verspricht, die Reisekosten extra zu zahlen. Oder sie verlangt vierhundert Eisenbahnarbeiter unter noch günstigeren Bedingungen. Die Leute, die schon an Kanälen und Eisenbahnen arbeiteten, sperren Maul und Nase auf, denn so viel wird sonst nie bezahlt. Hunderte melden sich; Jedem wird sein Dollar abgenommen; Jeder wird aufgefordert, den andern Tag früh acht Uhr, aber präcis, sich einzufinden; denn um diese Stunde wird abgefahren und der Officemann reist selbst mit, aus purer Vorsorge, damit die Leute richtig ankommen und gleich an die Arbeit gehen können. Da kann doch nun kein Mißverständniß obwalten! Da kann kein Schwindel dahinter stecken! — Gott bewahre, ein grundehrlich Spiel. Nur daß, wenn den andern Tag die paar Hundert Leute sich einfinden, die Office fest geschlossen bleibt! — Der Officehalter hat sich mit den schnell eroberten paar hundert Dollars aus dem Staube gemacht und — was hilft's jetzt, nach der Polizei zu rennen, um ihn verhaften zu lassen? Der ist längst über alle Berge. — Eine Woche darauf kann er ja in einer anderen Stadt unter einem anderen Namen eine andere Office anfangen!

Manchmal verzweifelt der Officemann daran, noch mehr Leute dranzukriegen zu dürfen. Er hat schon zuviel „Lockanzeigen" vom Stapel gelassen, um noch einmal auf Erfolg rechnen zu dürfen. Flugs besinnt er sich eines Bessern und läßt in die Zeitung rücken, etwa wie folgt: „Ein Großhandlungshaus wünscht aus Gründen mit seinem Buchführer zu wechseln. Gehalt 2000 Dollars. Bewerber mögen sich unter der Chiffre W. S. brieflich unter Beilage von zwei Postmarken (für die Briefbesorgung und den Retourbrief) an Herrn N. N. in Nro. 1003 Broadway wenden." — Die Annonce kostet etwa einen Dollar, aber — eine Buchführerstelle mit 2000 Dollars! Wenigstens 600 Anmeldungen laufen ein, — und jeder Brief enthält zwei Postmarken, je 3 Cents werth. Das macht 1200 Postmarken, oder so viel als sechsunddreißig Thaler. Um solchen Preis konnte man doch die Annonce erscheinen lassen? — Natürlich, keiner der Briefsteller erhält eine Antwort; aber der Herr N. N. hat 36 Dollars im Sack und säumt nicht, den anderen Tag seine Wohnung zu wechseln, damit er nicht in die Verlegenheit kommt, von einem der Briefschreiber persönlich aufgesucht zu werden.

Man sieht, für einen gewandten Mann giebt's in Amerika der Wege viel, um sein Leben zu machen und — ohne Arbeit sich sein Auskommen zu sichern. Es ist zwar ein Bischen — „Humbug" dabei, d. h. ein bischen Lug und ein bischen Trug, ein bischen Windmacherei und ein bischen Lumperei, aber — das ist — „smart". Ein smarter Mann ist ein Mann von Grütz und Pfiff, der auf anderer Leute Kosten lebt und reich wird, ohne daß er wegen Diebstahl in's Zuchthaus kommt. Einwanderer, besuche nie eine Intelligence-Office. Der Inhaber derselben ist Dir zu smart.

30.
Quacksalberei.

Amerika ist nicht allein das Land, wo Milch und Honig fließt, wo die Goldklumpen wie Kieselsteine auf dem Boden gefunden werden, sondern es ist auch das Land des ewigen Lebens, das Land, wo alle Krankheiten aufgehört haben, zu existiren. Wenn Du's nicht glaubst, lieber Leser, so lies nur die Annoncen irgend einer amerikanischen Zeitung, und Du wirst Dich bald eines Bessern überzeugen.

Es fängt ganz sanft an, z. B. mit schleimlösenden Brustkaramellen. Ein wenig Haferschleim mit Kandis würde vielleicht dieselbe Wirkung haben aber — Pfui über Haferschleim mit Kandis! „Schleimlösende Brustkaramellen" ist doch ein ganz anderer Titel.

Noch sanfter ist vielleicht die Revalenta arabica. Sie hilft nur gegen alle Kinderkrankheiten, die, wo die Kinder daran sterben, ausgenommen. Aber etwas ganz anderes ist schon das „Unsterbliche Schwedisch Bitters". Es hilft gegen Leberkrankheit, Dyspepsie, Gelbsucht, chronische Schwäche, Blähungen, Verdauungsmangel, Asthma, Hämorrhoiden, Nierenkrankheit, Lungenschwäre, weibliche Schwäche, Schwindel, Blutandrang, goldene Ader, kalte Füße, Gliederschmerzen, Sodbrennen, Würmer, kaltes Fieber, Magenkolik, hitziges Fieber und hie und da — Beinbrüche." · Ist das nicht schon eine ganze Legion Krankheiten ? — Und daß das Mittel probat ist, dafür bürgt ja die Annonce selbst und das Zeugniß von „vielen hundert Geheilten".

Noch stärker ist die Annonce vom „magischen Schmerzenserleichterer." Diese große Erfindung beseitigt alle Folgen der „Entzündung", und man vergesse ja nicht, daß bei Weitem die größte Anzahl von Krankheiten inflammatorischer Natur sind. Jedes Fieber ist inflammatorisch, ebenso Geschwüre, Pocken, Masern, Zahnschmerzen, schlimme Augen, Gicht, Beinanschwellungen. Bei dem Schmerz einer Wunde, sei's Brand- oder Schnittwunde, bei einer Quetschung, Verrenkung, einem Stich, einer Beule, einer Frostmarke, kurz überall, wo Hitze, Röthe, Anschwellung und Schmerz sich einstellt, ist immer Entzündung, und was soll man gegen alle diese Krankheiten brauchen ? Nur allein den „magischen Schmerzenserleichterer", denn er ist das Non plus ultra aller Medicin. Er gewährt sichere und rasche Heilung gegen alle Art von Entzündung, sei's eine zufällige „Verletzung oder Verbrühung, sei's ein Schnitt oder eine Quetschung, sei es Brustwarzen oder Hühneraugen, Verrenkungen oder Vergiftungen, Bisse oder Beulen, Strophein, Fieber oder Hämorrhoiden, böse Augen oder Rheumatismus, Kopfgries oder Rothlauf, Masern oder Krätze". — Also thut der magische Schmerzenserleichterer und ein Glück ist's, daß er in allen Apotheken der ganzen Vereinigten Staaten zu haben ist: denn wohin sollte es mit der Menschheit kommen, wenn dieser „Schmerzenserleichterer" nicht erfunden worden wäre ?

„Lungenschwindsucht geheilt", ist eine andere Annonce, und nicht minder wahrheitsgetreu als alle anderen. Oh, wie sind sie zu bedauern, die armen Europäer, mit all ihren Aerzten und Recepten ! Denn so weit haben sie's noch nicht gebracht, und werden es auch allem Anscheine nach nicht so weit bringen, als die Amerikaner. Oder wo sind in Europa die berühmten „Luftbäder", vor denen die Lungenschwindsucht verschwindet, wie der Nebel vor der Sonne ? Wo sind die „aromatischen Kräuterdampfbäder", die nur in Amerika zu haben sind, weil man da die meisten

Kräuter aus Europa importirt? Wo ist endlich der „unfehlbare Blüthen-
extrakt", der jede Lunge wieder flickt? Nur wer diesen Extrakt trinkt, stirbt nicht,
wenigstens nicht, so lange er ihn trinkt.

Du glaubst vielleicht, sie seien Quacksalber, diese Herren Doktoren mit ihren
langen Wunderannoncen? Sie sind es gerade so wenig, wie Goldberger mit seinen galvanoelektrischen Ketten, die allen Rheumatismus bis hinter Kamtschatka
vertreiben, und dabei nur vergessen haben, die Gicht auch mitzunehmen, Hoff mit
seinem Malzextrakt, Jakobi mit seinem Königstrank u. s. w. Oder wären das
Quacksalber, die alle Tage in den Zeitungen vor den Quacksalbern warnen?

Und das thun sie, und geben viel Geld dafür aus, nur um das Publikum aus den
Schlingen des Charlatanismus zu retten. „Kommt zu mir," steht da zu lesen,
„zu mir allein kommt, in meine Office, denn ich allein bin der Mann, Euch zu
kuriren. Alles Andere ist Schwindel, nur darauf berechnet, Euch Geld abzunehmen." — Viele gehen in ihrer wissenschaftlichen Grobheit sogar so weit, die Leute
zu versichern, daß sie lediglich nichts zu bezahlen haben, als bis Heilung erfolgt;
aber wunderbar, unglaublich, es erfolgt immer schon Heilung, gleich nach der
ersten Konsultation, und kein Kranker geht aus dem Zimmer, ohne daß man
ihm seine Gebühren abgefordert hätte. Und nicht allzuklein sind sie, diese Gebühren,
selten unter fünf Dollars, wohl aber vielfach über zehn. Denn der Kranke muß
auch noch gleich für den nächsten und übernächsten Besuch zum Voraus bezahlen. Er könnte ja möglicherweise nicht wiederkommen, und Vorsicht ist zu
allen Dingen nütze.

Am meisten nimmt sich der amerikanische Wunderdoktor der Geschlechtskrankheiten
an. Er weiß wohl, wie viel Unheil schon dadurch entstanden ist, daß die Spanier
Amerika entdeckt haben; aber Heil Amerika, er ist da, der Wunderdoktor, der Erlöser
ist gefunden, wie jener Student auf seines Vaters Geldkiste schrieb!

Und das Publikum, es ist noch immer so dumm, sein gutes schönes Geld diesen
Humbugern, diesen Schwindlern hinzutragen, welche sich ob dieser Dummen in's
Fäustchen lachen. „Der Dumme muß geprügelt werden", sagt der Volksmund;
hier kann es heißen: „Der Dumme muß ausgesogen werden." Merkt's Euch!

31.

Die Kellnerin in New-York.

Die „Kellnerin" ist eine specifisch deutsche Erfindung.

Einige amerikanische Etablissements suchten's nachzuahmen. Sie fanden richtig
etwelche irische oder englische Subjekte, die sich dazu hergaben, aber das Unter-
nehmen zog nicht und die irischen Kellnerinnen mußten wieder entlassen werden.

Die Kellnerin ist zwischen achtzehn und zwanzig Jahren und gehört zu der Classe:
„Bedienung durch Damen." Sie trägt das Haar hinten in Knoten und vorn auf
der Stirne à l'enfant. Das Kleid ist stets tief ausgeschnitten, damit man sieht, daß
sie das Herz auf dem rechten Fleck hat. Die Finger zieren feine goldene Ringe;
die Ohrringe sind mit Steinen besetzt und die Busennadel kostete nicht unter zwanzig Dollars. Ihr Gang ist lebhaft und elastisch und das niedliche weiße Schürzchen, mit den zwei Geldtaschen daran, sieht fast noch koketter aus, als die Kellnerin
selbst. — Unter siebzig Dollars ist keine elegante Kellnerin „aufzufixen". Ob sie

jedoch einen zerrissenen Unterrock trägt oder einen geflickten, ob sie Liebhaberin eines gewaschenen Hemdes ist oder eines ungewaschenen, das habe ich bis jetzt nicht in Erfahrung bringen können.

Die Kellnerin war früher Dienstmädchen, aber das Kinderhüten und der Küchenaufenthalt waren nicht ihre besondere Liebhaberei. Auch in einer Fabrik hat sie schon gearbeitet, und dies schlug ihr schon mehr zu, trotz des geringen Verdienstes, denn es war doch einige Unabhängigkeit damit verbunden; nur konnte man zu wenig Bekanntschaften machen (der zehn Arbeitsstunden wegen) und diese wenigen wieder nur unter Fabrikarbeitern. Später war sie einige Zeit lang Nätherin und Stickerin; aber das viele Sitzen war ihrer Konstitution zuwider, und am Ende wäre sie bei dieser Beschäftigung ganz sitzen geblieben. Zuletzt ging sie in einen Cigarrenladen als „Verkäuferin" und machte da mehr Geld, als der Inhaber des Etablissements, weshalb sie auch gezwungen war, sich freiwillig zu absentiren, um nicht fortgejagt zu werden. — Jetzt aber ist sie Kellnerin und das entspricht ganz ihrem Geschmacke.

Woher sie das Geld nahm, um sich als Kellnerin zu equipiren, das ist ein Geheimniß zwischen ihr und ihrem Geldbeutel. So viel ist sicher, daß sie Alles baar bezahlte, schon deshalb, weil's ihr Niemand borgte. Woher sie das Geld nimmt, um sich in ihrer neuen Stellung stets auf dem Laufenden zu erhalten, das ist wiederum ein Geheimniß zwischen ihr und ihrem Geldbeutel. Ihre Ausgaben aber sind nicht wenig: jetzt ein neues Kleid, nun ein rother Spencer, dann ein Spitzenbusentuch und so fort und immer fort. Ihre Garderobe kostet sie monatlich wenigstens dreißig Dollars, und ihr Salair beträgt nur acht Dollars den Monat, nebst frei Essen und Trinken. Allein in jedem ordentlichen Büdget giebt's ordentliche und außerordentliche Einnahmen, und der Kellnerin geht's, wie manchem Finanzminister: die außerordentlichen Einnahmen übersteigen die ordentlichen um das Dreifache.

Da ist zuerst die Einnahme des „ungeraden Centes." Ein junger Mann hat z. B. vier Glas Bier gehabt und einen Viertelbollar bezahlt; er wird doch nicht so unnobel denken und die 5 Cents herausverlangen? — Da ist dann die Einnahme der „Vergeßlichkeit." Drei Herren kommen herein, es sind Amerikaner; sie trinken drei Glas Bier zusammen und zahlen achtzehn Cents, weil sie gewohnt sind in amerikanischen Häusern, sechs Cents für das Glas zu zahlen. Die Kellnerin wird doch nicht so dumm sein und die Herren daran erinnern, daß „hier" das Bier nur fünf Cents kostet? — Da ist ferner die Einnahme der „Geschwindigkeit." Es ist voll im Salon; die Kellnerinnen haben zu rennen und zu springen, um Jeden schnell zu bedienen. „Fünf Glas," ruft sie dem Aufwärter zu, der die Funktion hat, das Bier einzuschenken. Sie zahlt dem Wirth hinter dem Schenktisch auch richtig fünf Glas, aber der „Biereinschenker" hat statt fünf wenigstens zehn oder fünfzehn Gläser eingeschenkt, weil eine andere Kellnerin auch fünf Glas und ein Aufwärter vier Glas bestellt hat, und so passirt es unserer Freundin, daß sie statt fünf Gläsern, die sie bezahlt hat, in der Eile sechs mitspazieren läßt. Diese Geschwindigkeit trägt ihr manchen Viertelbollar ein. — Da ist dann wieder die Einnahme des „Findens." In jedem Salon, in dem Kellnerinnen gehalten werden geht's Abends ein bischen lustig zu, und an jungen Männern, die das Bier spüren, ist kein Mangel. Da fällt manches Drei- und Fünfcentstück auf den Boden und wird nicht mehr aufgehoben; ja sogar Dollarbills finden sich nicht selten den an deren Morgen, wenn die Kellnerin mit schlaftrunkenen Augen den Salon auskehrt; sie ist stets flugs bei der Hand, wenn Jemand etwas lange sucht. — So giebt's noch Einnahmsquellen genug, und die Haupteinnahmsquelle mag sich der Leser denken, wenn ich ihm sage, daß es auch eine Einnahme der „Geschenke" giebt. Denn — warum sollte sie keine Geschenke bekommen, sie mit dem zierlichen Füßchen, mit dem halb offenen Oberleib, mit der ganzen umarmungsdurstigen Gestalt.

Die Funktionen der Kellnerinnen sind nicht sehr schwer. Sie hat Nichts zu thun, als volle Biergläser am Schenktisch zu holen, den Gästen vorzusetzen und das Geld dafür einzunehmen.

„Und dafür bezahlt der Wirth monatlich acht bis zehn Thaler und giebt noch freie Kost und Wäsch dazu! Da könnte er ja um denselben Preis einen Kellner halten, und der würde für sich allein mehr leisten, als drei Kellnerinnen."

So urtheilt manchmal der liebe Unverstand, als ob ein Kellner auch ein — ausgeschnittenes Spenzerchen tragen könnte! Die Kellnerin ist nicht blos da, um den Gästen Bier vorzusetzen, sondern sie ist da, damit die Gäste hereinkommen. Glaubst denn Du, die Musik thue es allein? Laß Du geigen und Trompeten blasen, so lange Du willst, das kann man in New-York in der kleinsten Kneipe gratis haben! Gieb Du ein so treffliches Glas Bier, als es nur möglich ist, in New-York trinkt man fast nirgends mehr ein schlechtes Bier! Sei Du freundlich und zuvorkommend gegen Deine Gäste, wie kein Anderer; — das Alles bringt die Leute nicht herbei; aber die Kellnermädchen thun's, denn man mag sagen, was man will, es ist halt angenehmer, das Glas von einem hübschen Mädchen kredenzt zu erhalten, als von einem Manne, und wenn er zehnmal eine Serviette unter dem Arm hat.

Die Kellnerin bleibt gewöhnlich sechs, hie und da auch acht Wochen in ihrem Dienste. In dieser Zeit ist sie sehr solid und benimmt sich äußerst anständig. Zwar ist sie natürlicherweise gegen Jedermann freundlich, zwar giebt sie bald Diesem bald Jenem die Hand und drückt sie auch wohl ein wenig, zwar erlaubt sie sich hie und da ein bischen niederzusitzen und vielleicht setzt sie sich sogar ganz hart neben Dich, — aber sie thut's nur, wenn Du schon einige Zeit mit ihr bekannt bist, wenn Ihr „Freunde" geworden seid, und wenn sie Grund hat zu glauben, daß es bei der puren Freundschaft nicht stehen bleiben wird.

Ihr liebster Tag ist ihr „Ausgangstag", ein Ereigniß, das alle Wochen Einmal vorkommt. An diesem Tage geht sie nach Hoboken in die „elisäischen Felder"; aber sie geht nicht allein, sondern sie geht mit ihrem „Freunde." Und einen herrlicheren Punkt giebt's nicht leicht, als diese elisäischen Felder mit ihrem Strauchwerk und ihren Bäumen, mit ihren Spaziergängen und ihren Irrwegen, besonders aber mit ihrer prachtvollen Aussicht auf die Stadt und Bay von New-York; und eine besondere Anziehungskraft hat er, dieser große Park, für Liebespaare, und schon Manches, das hinging als Liebespaar, kam heraus als Braut- oder gar Ehepaar. Sie ist sehr geputzt, die Kellnerin, an diesem Tage; eine Boulevard-Dame von Paris oder eine Broadway-Belle von New-York könnte nicht eleganter sein; natürlich sie geht ja am Arme ihres „Freundes" als seine „Lady", wie die Herren Lords sich ausdrücken.

Wenn die Kellnerin ihren Platz aufgiebt, so geschieht es entweder, um zu heirathen, oder um zu lieben, oder um geliebt zu werden. — Heirathet sie, so darfst Du d'rauf zählen, daß sie schon ein halb Dutzend, wenn nicht ein ganz Dutzend Jahre über die bekannten „Zwanzig" vor sich hat. In diesem Fall macht sie sich während ihrer achtwöchigen Kellnerei an einen soliden Handwerker und verläßt das Haus nur als seine Frau, wofür ihm Gott gnädig sein wolle. — Ist die Kellnerin aber noch nicht oder nicht viel über zwanzig, so ist sie weniger geneigt, zu heirathen, als zu lieben. Es kommen so viele „vornehme" Herren in die Wirthschaft, seit sie da ist; und Einer darunter hat's besonders auf sie abgesehen. Er muß reich sein, denn er „spendet" viel; er ist freigebig, denn auf einen Goldring, auf ein Paar Berlocken kommt es ihm gar nicht an; er ist sein eigener Herr, denn er kommt zu jeglicher Tageszeit, wenn es ihm einfällt. Natürlich von einer Heirath kann hier nicht die Rede sein; aber muß man denn so stockpuritanisch denken, als ob man nicht lieben könnte, ohne daß der Pfarrer seinen Segen dazu gesprochen? — Heute erhielt sie eine Brustnadel von ihm, reich mit Steinen besetzt und sein Portrait mitten d'rin in feinster Photograph-Miniature. Dem konnte sie nicht widerstehen; ihr mormonisches Herz pocht vor Freude, — und sie hat's ihm zugesagt! — Morgen verläßt sie das Haus, um ein niedliches Zimmer zu beziehen, das er ihr gemiethet. — Manchmal geht's noch trauriger ab, dieses Hausverlassen. Sie hat vielleicht keinen reichen Liebhaber gefunden, der ihr behagte, oder hat sie überhaupt eine Inklination zu Herzerweiterung, oder ist sie eine besondere Liebhaberin von bauschigen seidenen Kleidern, — kurz, nach wenigen Wochen verläßt sie das Haus, um in ein Basement zu ziehen und sich von Jedem lieben zu lassen, der Lust und Geld dazu hat. An schönen Kleidern fehlt's ihr da nicht.

Das ist das Ende der deutschen Kellnerin in New-York. Mensch, nimm ein Beispiel d'ran!

32.

Farm-, Land- und Lots-Association.

„Eine Heimath für wenige Dollars!"

Eine Heimath! Welch' trautes Wort in den Ohren des Eingewanderten! Er hat eine Heimath verlassen, um anderswo sein Glück zu suchen; er hat sie freiwillig oder unfreiwillig verlassen, aber — sie will ihm nie aus dem Sinn, diese alte Heimath, und schon das Wort „Heimath" macht ihm das Herz im Leibe hüpfen.

Eine Heimath! — Da steht der Deutsche in fernem Lande, unter Menschen, deren Sprache er kaum oder gar nicht versteht, unter Menschen mit ganz andern Sitten, ganz andern Gewohnheiten! Wohl hat er Arbeit gefunden und Unterkunst und Brod und Nahrung; aber jetzt erst findet er aus, daß das Glück nicht im Essen und Trinken, auch nicht im Geldverdienen allein besteht; er findet aus, daß es nur Ein Glück giebt in der Welt, das Glück der Zufriedenheit im Kreise der Seinen.

Hoho! Da rufen sie nun in den Zeitungsanzeigen:

„Eigner Herd
Ist Goldes werth.
Nur im Kreise deutscher Brüder
Findest du die Heimath wieder."

Das ist das wahre Kernsprüchlein! Die Deutschen sollen sich zusammenthun, auch in fernem Lande! Sie sollen zusammen Dörflein bauen, zusammen Kolonien gründen; dann haben sie ja deutsch: Sprache, deutsche Sitte, deutsche Gewohnheit im Verein mit den materiellen Vortheilen des neuen Vaterlandes! Gesegnet sei dieser Gedanke!

Wie schön malt sich's der Deutsche aus, ein Häuschen auf eigenem Grund und Boden zu besitzen. Wie lieblich riecht der Braten, auf eigenem Lande mitten unter deutschen Brüdern sein Korn, seine Kartoffeln zu ziehen! Und wie versalzen schmeckt die Suppe, so bald man in den Köder gebissen hat, wie schnell bricht das Dach über dem Häuschen zusammen, das so eben erst die Phantasie fertig gebracht hatte!

Betrachten wir die Farm-, Land- und Lotsassociation etwas näher.

In Amerika sind nicht blos von Einzelnen, sondern von Vielen fabelhafte Reichthümer erworben worden und m e i ft nur d u r ch L a n d f p e k u l a t i o n e n. Es erwarb sich Einer ein groß Stück Land in einer Gegend, die noch gar nicht bewohnt, viel weniger kultivirt war. Das Land gehörte dem Staat, und der Preis war fast Null. Das Land aber war nicht Null; denn nach einer Reihe von Jahren, als die Menschenmasse zunahm, siedelten sich zuerst E i n z e l n e dort an, und den Einzelnen folgten V i e l e nach, und am Ende standen da Städte und Dörfer und wohl bepflanzte Bauernhöfe (Farmen), wo noch vor einem Jahrzehnt der Indianer streifte, und der Hirsch unbelästigt seiner Weide nachging. Das schrieb sich der Deutsche, der schon länger im Lande war, hinter die Ohren und er gedachte im Kleinen wenigstens ebensogut zu spekuliren, als der Amerikaner es im Großen that und noch thut. Bald fand sich (und findet sich noch täglich) eine kleine Gesellschaft Gleichgesinnter zusammen, die beschlossen ein Stück Land zu kaufen und es wieder auszuverkaufen in kleinen Parcellen. Natürlich langte es nicht zu einem Stück, so groß wie ein Fürstenthum, aber doch zu einem so groß, wie eine Grafschaft: allerdings mußten sie schon meist aus z w e i t e r Hand kaufen; aber das schadete Nichts; man konnte ja wieder um f o t h e u r e r verkaufen; gab es ja doch genug deutsche „Brüder", die begierig waren, eine so herrliche Gelegenheit zu benützen, sich eine Heimath zu gründen!

Diese „menschenfreundlichen" Gesellschaften theilten sich in B a u - und L a n d - associationen. Oft vereinigten sie auch beide edle Geschäftszweige miteinander. Immer aber war der Z w e ck derselbe, das M i t t e l dasselbe, das R e f u l t a t dasselbe.

Die Bauassociation brauchte kein groß Stück Land. Ein Areal von hundert oder noch weniger Aeckern genügte schon. Aber natürlich mußte das Land i n d e r N ä h e einer großen Stadt liegen, und war deshalb um so t h e u r e r. Doch man wußte sich zu helfen. Die weitere Umgegend um große Städte wird in Amerika noch in langer Zeit nicht so kultivirt sein, wie in Europa. Die Strecken, die aus Fels und Land zusammengesetzt sind, die Ländereien, die naß und sumpfig liegen, bleiben unbewohnt und unbebaut liegen; man kann ja gesundes und kultivirbares Land genug haben! Kein vernünftiger Mensch denkt daran, d i e s e s Land von seinen ursprünglichen Eignern, die es entweder von ihren Vätern geerbt oder unt einen Spottpreis als D r e i n g a b e zu gutem Land gekauft, — zu erwerben; aber die Bauassociation denkt daran. Sie kauft es, vielleicht um ein Butterbrod; vielleicht kauft sie es auch nicht einmal, sondern tritt blos mit den ursprünglichen Eignern in K o m p a g n i e. Und nun geht es an's „Auslegen in Lots", d. h. an's Vertheilen in „Stadtbauplätze". Ein Lot ist 25 Fuß breit und 100 Fuß lang. Er kostet in der Stadt seine Tausende von Dollars, hier figurirt er mit zwanzig bis siebzig Dollars! Es wird ein Plan der neu zu gründenden „Vorstadt" fabricirt; die Straßen werden „entworfen", die Bauplätze für Schulen und Kirchen und Rathhaus werden „bezeichnet", und nun geht's an's Verkaufen.

· Ganz dasselbe ist's mit der Landassociation. Sie kauft ein Stück Land, natürlich ein großes von zehn bis fünfzig tausend Acres. Das Land liegt entweder im fernen Westen, wo noch weit und breit keines Menschen Fuß hingedrungen; oder noch besser, es liegt in einem bereits kultivirten Staate, in New-York, oder New-Jersey, oder Pennsylvania, oder Illinois, oder Missouri oder sonst wo. Das beste Land ist's freilich nicht, denn gutes Land kostet ein gut Stück Geld; auch Urwald steht keiner darauf, denn Urwald kommt im Sand, auf dem Felsen, im Sumpfe nicht fort! — Aber kann man sich ein schöneres Verdienst um den Staat und die Menschheit erwerben, als Land zu kultiviren, das bisher mit stolzer Verachtung von den amerikanischen Bauern übergangen wurde? — Land, das vielleicht noch ein Jahrhundert lang dem Pfluge unzugänglich geblieben wäre, wenn sich die Bauassociation nicht seiner angenommen hätte? Das Land wird gekauft, ein kleines Angeld bezahlt und der Rest „versprochen", wenn die „Ansiedlung" gelungen sei. — Nun geht's an's Vermessen! In der Mitte wird ein Theil zu einer neu zu gründenden Stadt reservirt, die jedenfalls einen prunkhaften deutschen Namen, wie „Breslau", „Berlin", „Hamburg", „Germania", oder so was erhält; das Uebrige wird in kleine Parzellen von fünfundzwanzig bis vierzig Aeckern zerrissen, die den stolzen Namen „Farmen" oder Bauernhöfe bekommen. Der Plan der Kolonie ist bald auf dem Papier fertig und nun geht's auch hier an's „Verkaufen".

Das Verkaufen ist und bleibt die Hauptsache. Was thut die Association mit dem Lande? Sie will sich nicht dort ansiedeln; ihr ist's gut genug in der Stadt, in der sie wohnt; sie will keine Häuser bauen, die nachher nicht mehr verkäuflich sind; sie will keine Farm acquiriren, wo erst nach jahrelangem Fleiß ein Strohhalm erzeugt werden kann! Die Association will nur Eins: Verkaufen. Und sie verkauft auch; ja sie würde verkaufen, wenn der ausgebotene Gegenstand noch weniger werth wäre, was in manchen Fällen gar nicht möglich ist.

Das Erste, was sie thut, ist, daß sie einen bekannten Namen an die Spitze der Association stellt. Es muß ein Name von gutem, deutschem Klang sein, der Name eines Mannes von einigem Gewicht unter seinen Mitbürgern, vielleicht auch noch mit einem geretteten Titel aus der alten Heimath. Wo der Mann seine Hand im Spiele hat, da kann doch kein fauler Fisch herausstinken! · Und wie sehr stinkt es oft!

Das Zweite ist, daß Agenten angenommen werden; Leute, die eine ziemliche Bekanntschaft unter ihren Landsleuten haben, die einiges Vertrauen und besonders einiges Vermögen besitzen und anscheinend den Anderen mit gutem Beispiele vorangehen und sich bereits mit einer oder zwei Aktien betheiligt haben, die (einem geheimen Uebereinkommen zu Folge) natürlich die Association später wieder zurücknimmt. Umsonst thun's diese Agenten nicht; man kann's ihnen auch nicht zumuthen, denn sie müssen in allen Wirthshäusern herumkommen, um die Leute in ihrer besten „Stimmung" zu fassen. Aber was liegt daran, wenn man einem Agenten fünfundzwanzig Procent zuläßt? Bleibt nicht doch noch genug übrig?

Das Dritte, und das ist die Hauptsache, sind Annoncen. Und was für

Annoncen! Die Annoncen sind theuer in Amerika, aber was liegt der „Association" an einem spaltenlangen Artikel, — an einem Artikel, der ein Paar
Hundert Dollars und noch mehr Einrückungsgebühren kostet, — wenn er nur
zieht? Und tagtäglich liest Du sie, diese spaltenlangen Artikel, und nicht blos
in einer Zeitung, nein, gleich in einem halben Dutzend. Und wie süß und lockend
sind sie, diese Annoncen! Der sie verfaßte, war kein Stümper und ließ sich ohne
Zweifel für sein Machwerk nicht schlecht bezahlen, denn die Herren von der Association sind der Feder nicht so kundig, um selbst als Schriftsteller aufzutreten. — Da
wird zuerst die Lage, dann der Boden herausgestrichen; ja auch auf den
Mineralreichthum unter der Erde wird aufmerksam gemacht. Eine
Eisenbahn fährt zwar noch nicht durch das Land, aber es kommt eine, in der
nächsten Zeit, und dann kann man die Erzeugnisse um den dreifachen Werth ab-
setzen! An Holz, an Quellen, besonders an Teichen zum Fischen fehlt's auch nicht!
Ja, schon stehen einige Häuser; einige Farmen werden bereits betrieben und das
Rathhaus und das Schulhaus sind im Werden! „Noch ist es Zeit, noch könnt Ihr
um einige hundert Dollars ein Landgut erwerben, wie kein Bauer in Deutschland
es größer und schöner hat; greift zu, Landsleute, greift zu, ehe es zu spät wird!"
— Noch eindringlicher sind die Empfehlungen der „Baulots" in der Nähe einer
großen Stadt. — „Ha wie theuer ist's zu leben in der großen Stadt! Wie eng
wird's Einem um's Herz in dem tollen Gewühl! Und wie elend sind die Woh-
nungen, die Ihr mit sieben oder acht Dollars den Monat bezahlen müßt! Kauft
doch einen Bauplatz in der neuzugründenden Village, die so nahe liegt, daß Ihr
jeden Tag um wenige Cents in die Stadt fahren könnt! Der Bauplatz kostet Euch
ja fast gar nichts, das Häuschen darauf nur wenige hundert Dollars und dann habt
Ihr eine Wohnung für Euch selbst und einen Garten hinter dem Hause, wo Ihr
Eure Gemüse selbst pflanzen könnt, dann lebt Ihr als Menschen, nicht blos unter
Menschen, sondern unter lauter deutschen Brüdern!"

Es ist ein wahrer Genuß, diese Annoncen zu lesen. Man kann nicht umhin,
man muß zugreifen! — Und wie leicht wird Einem das Zahlen gemacht! Fünf
oder sechs Thaler Anzahlung, das Uebrige in monatlichen Raten. Der Aermste
kann's erschwingen und in wenigen Jahren steht er als schuldenfreier Grundeigen-
thümer da. O, die Association versteht ihr Handwerk! Jedermann macht sie den
Beitritt möglich, denn sie will Alle glücklich machen. Freilich, wenn Einer einmal seinen monatlichen Beitrag vergißt, oder ihn nicht leisten kann, so ist Alles
bisher Eingezahlte verloren; die Association zieht die Actie wieder an sich und verkauft sie von Neuem; es muß doch eine Ordnung sein!

Ist eine bestimmte Anzahl von Lots oder von Farmen verkauft, so geht's an's
Verloosen, d. h. die Bauplätze und Bauernhöfchen werden nach dem Loose,
wie's Einen trifft, vertheilt. Natürlich ist ein Eckplatz mehr werth, als einer in
der Mitte, und ein trockener Hof ist beliebter, als einer im Sumpfe; aber — was
liegt daran? Laßt sie nur jubeln, die ein „gutes Loos" gezogen haben, in einigen
Jahren pfeifen auch sie aus einem andern Loche!

Und es steht oft nicht so lange an.

Der Arbeiter hat sich mit seinen wenigen ersparten Thalern einen Bauplatz oder
ein Bauerngütchen gekauft. Er hat sich geschunden und geplagt, bis er die monatlichen Raten abzahlte und hat jetzt sein Häuschen, sein Gütchen schuldenfrei. Aber
was soll er mit dem Häuschen beginnen? Er ist darauf angewiesen, in die Stadt

hineinzufahren, um dort zu arbeiten oder gemachte Arbeit abzuliefern und das
Hin- und Herreisen koftet ihn j ä h r l i ch m e h r Geld, als ihn eine f ch ö n e
Wohnung in der Stadt koften würde.   Was foll er vollends mit der Farm? Sie
ift zu k l e i n, der Boden zu f ch l e ch t, der Abfatz zu e r f ch w e r t, um nur fein
Leben darauf machen zu können?   Und w o foll er das Geld herbringen, um Vieh
und Ackergeräthe anzufchaffen?   Der Bauernftand ift der fchönfte Stand in der
Welt, wenn man ein hübfches Stück Feld hat, und guten Grund, und Vieh genug
darauf und gute Wege, um auf den Markt zu fahren.   Aber — fo?

Vor ein paar Jahren konnte der gute Mann nicht fchnell genug fein, um fich an
der Land- und Lotaffociation zu betheiligen; jetzt — geht's ihm zu langfam mit
dem V e r k a u f e n.   Und verkaufen m u ß er, wenn er nicht noch andere Hülfs-
quellen hat, oder wenn er nicht alle Jahre z u f e tz e n will, und beim Verkaufe bekommt er felten das Geld, das er bezahlt, alle Mühe abgerechnet, die er verwendet
hat.   Am beften hat D e r daran gethan, der fein Lot oder feine paar Acker l e e r
liegen ließ; er verliert doch blos feine Anzahlung an die Affociation.   In hundert
Jahren vielleicht, wenn die Speculation fich fort und fort fteigert, ift man genöthigt, auch nach d e m Lande zu fehen, das jetzt noch zu fteril ift, um es ohne allzu-
große Koften benützen zu können, und wenn die Städte fich noch ein paar Dutzend
Meilen weiter ausgedehnt haben, dann erhalten auch jene Bauplätze einen Werth,
die jetzt nur von N a r r e n oder E i n f ä l t i g e n als folche benützt werden!

In Amerika weiß man fich zu tröften.   Das Geld wäre einmal hin, denkt man,
und befinnt fich darauf, ein anderes zu erwerben; aber es ift nicht einmal hin,
jenes Geld, fondern die Herren Mitglieder der großen Affociation haben es in die
Tafche gefteckt!   Zwar haben die Agenten viel gezogen, zwar hat vielleicht der
Präfident feinen „guten Namen" auch nicht umfonft hergegeben, zwar find die An-
noncen fchwer in's Gewicht gefallen und die herrlichen „Pläne" auf gutem Zeichen-
papier ausgeführt, find auch nicht umfonft gezeichnet worden; aber jene hundert
Acres Felfen- und Sumpfland zu Baulots, fechszehn Stück auf den Acre, haben ja
nur zufammen taufend Dollars gekoftet, und die fechszehnhundert Lots, zu fünfzig
Dollars das Lot, trugen achtzigtaufend ein!   Und — um neunundfiebzigtaufend
Dollars Gewinn kann man fich fchon Einiges gefallen laffen!   Jene fünfzigtaufend
Acres Sand-, Torf-, Sumpf- und Waldland zu einer Bauernkolonie haben hunderttaufend Dollars, d. h. das Doppelte ihres wahren Werthes gekoftet, weil fie nicht
baar bezahlt, fondern auf Credit und gut Glück gekauft wurden; aber die fünfzigtaufend Acres gaben zweitaufend Farmen zu zweihundert Dollars das Stück.   Das
macht viermalhunderttaufend Dollars, und um einen Nettogewinn von dreimal-
hunderttaufend Dollars kann man mehr als ein Uebriges thun!

Lieber Lefer, Du weißt nun, was Du davon zu halten haft, wenn's heißt: „Die
letzte Gelegenheit! Eine Heimath für wenige Dollars!"   In Amerika weiß man's
zum größten Theil jetzt auch, und nur „Grüne", oder Leute, die ewig grün und
unerfahren bleiben, laffen fich noch ködern; „anfchmieren" wäre Beleidigung.

Am unangenehmften ift es der Farm- und Lotaffociation, wenn eine Zeitung
auf den „Schwindel" aufmerkfam macht.   Doch die — Ankündigungen der Affociation tragen viel Geld ein und die Zeitungen f ch w e i g e n. — Eine Hand wäfcht
die Andere.

33.

„Er macht sein Leben!“

„Er macht sein Leben“ heißt in Amerika so viel, als er verdient so viel, als er braucht, um zu heirathen, sich zu kleiden, nach Bedürfniß zu essen, nach Maß zu trinken und zu wohnen, wie ein Arbeitsmann in amerikanischen Städten zu wohnen das Recht hat, d. h. eng und ärmlich.

In Deutschland konnte er's möglicher Weise nicht so haben. Er verstand wohl vielleicht sein Handwerk, aber — es waren schon genug Meister in seinem Städtchen und so durfte er sich nicht etabliren und nicht heirathen, bis ein älterer Meister ihm Platz machte! Vielleicht verstand er auch sein Handwerk nicht, oder er hatte keine Freude daran, aber — was anfangen? Von Neuem vier lange Lehrjahre durchmachen? Dazu war er doch zu alt. Oder anderswohin nach Deutschland übersiedeln, wo etwas mehr Gewerbefreiheit zu Hause ist? Da mußte er ja, wie es früher im lieben Vaterlande Mode war, von Neuem Bürgerpapiere herausnehmen und hatte der Umstände viele. Da macht er's kürzer und geht nach Amerika. Da kann er anfangen, was ihm beliebt. Kein Mensch fragt ihn nach seinem Lehrbrief; kein Mensch nach seinem Bürgerpapier. Er kann hinziehen, wohin er will; er kann treiben, was er will; er ist ganz sein eigener Herr. — Kann man's da Einem übel nehmen, wenn es ihn anlockte, nach Amerika zu gehen, weil er in Deutschland sich nicht etabliren, nicht heirathen, sein „Leben nicht machen“ konnte? — Er that wohl daran, er wird es kaum jemals bereuen.

Tausende aber machten in Deutschland ihr Leben, und gingen doch nach Amerika! Sie verdienen so viel, daß sie davon leben konnten, schlicht und recht, wie's in der Bibel heißt, aber es war ihnen nicht genug! Mit dem Speck im Kraut wollten sie sich nicht zufrieden geben; sie wollten Fasanen darin haben. — Thaten die auch immer wohl daran? Werden auch diese es niemals bereuen? — Wir wollen sehen.

Da war einer vielleicht Buchhalter in einem kaufmännischen Geschäfte, seine Besoldung war anständig, seinen Leistungen angemessen, aber — sollte er immer Diener sein? Immer eine untergeordnete Rolle spielen? Er geht nach Amerika. Dort steht ihm die ganze Welt offen, und — seine gediegenen kaufmännischen Kenntnisse müssen doch in einem Lande ziehen, wo Gott und Welt handeln. Er geht nach Amerika, und nach Jahr und Tag ist der frühere Herr Buchhalter froh, wenn er in einem Handlungshause als Porter, d. i. als Packer und Hausknecht angestellt wird. Wenn's Glück gut geht, so bringt er's vielleicht nach Verfluß von abermals ein paar Jahren so weit, daß er einen Platz hinter'm Pulte bekommt, und — nun ist er, was er vorher war: Buchhalter oder Commis, nur unter dem veränderten Namen: clerk; und sein Einkommen langt gerade zu, um Weib und Kind zu ernähren; — er macht sein Leben!

Er war vielleicht Apothekergehülfe draußen, und brachte es endlich zu einer Provisors- oder Verwaltersstelle. Sein Einkommen war so, daß er Weib und Kind ernähren und auch alle Tage noch seinen Schoppen trinken konnte, aber — freilich dazu langte das Einkommen nicht, daß man der Frau des Hauses zwei seidene Kleider kaufen und sie viermal auf einen Ball führen durfte! Dazu langte auch das Vermögen nicht, daß man eine eigene Apotheke erwarb! — Also fort nach Amerika. — Dort angekommen, greift er natürlich zu seinem alten Handwerke.

In Amerika, so denkt er, giebt's ja doch bloß Pfuscher, und ein „amerikanischer Apotheker“ vermag ja nicht einmal Ipecacuanha von Teufelsdreck zu unterscheiden! — Vollkommen richtig; aber der G e h ü l f e n giebt's gar viele, und i h r e Besoldung ist oft g e r i n g e r, als sie in Deutschland ist. Man muß also so viel Geld haben, um eine e i g e n e Apotheke zu errichten, wenn man mit Weib und Kind existiren will. Es gehört nicht viel dazu; mit zwei Tausend Dollars kann man viel machen; doch die Dollars gehören dazu. Und nun — geht auch gleich die Apotheke? Ist nicht am andern Eck auch e i n e? Und wenn sie geht, wenn sie so viel einträgt, als Deines Nachbars seine, was bleibt Dir übrig, wenn Du den theuren Hauszins bezahlt hast? Du m a c h s t D e i n L e b e n, und dieses oft mit „Hindernissen“, denn nicht immer langt's, einen Gehülfen zu halten und zu bezahlen, und d a n n bist Du Gehülfe, Stößer, Dütenmacher, Lehrling und Principal in Einer Person und darfst Dir nicht einmal das Vergnügen machen, alle Tage Deinen „Schoppen“ zu trinken und im Wirthshause über Politik zu karmegießern. —

Er war vielleicht Aufseher in einem größeren Etablissement, oder so etwas dergleichen. Er hatte eine hübsche Wohnung in der Fabrik und gerade so viel Einkommen, daß es langte. Aber — es l a n g t e immer blos nur, und nichts weiter! Das halte der Teufel aus; also fort nach Amerika. Und wie ist's da? Der Herr Fabrikaufseher wird wieder — Arbeiter! Das ungewohnte Ding will ihm wohl hart hinunter; aber „Vogel friß oder stirb“ heißt's in Amerika. — Vielleicht bringt er's mit den Jahren, und wenn er einmal gut englisch kann, so weit, daß man ihn auf einem Dampfboot als Steward anstellt, und dann macht er wieder sein Leben.

Er war vielleicht Schreiber oder gar Gelehrter, und der Böse ritt auch ihn, und er ging fort nach Amerika. Das war kein Gedanke, der von Gott kam, denn in Amerika ging's ihm v e r t e u f e l t schlecht. Wenn er kein Geld mit herüberbrachte, so mußte er in Gottesnamen an den Kanälen graben oder an den Eisenbahnen arbeiten, um nur n o t h d ü r f t i g e x i s t i r e n zu können. Wenn er Geld mitbrachte, so konnte er sich eine „Wirthschaft“ kaufen, oder einen „Milchkram“ errichten, oder so etwas dergleichen. — Er machte auch in d i e s e r Branche sein Leben, aber — welch' w ü r d i g e Beschäftigung ist es für ihn, den Mann der Wissenschaft: Schoppen Bier einzuschenken! —

So viel ist richtig: es kann Einer sein Leben machen in Amerika, er mag sein, wer er will, und gewesen sein, was er will; er mag draußen viel oder wenig oder nichts gearbeitet haben, in Amerika arbeitet er gewiß, denn Niemand sorgt für ihn, wenn er's nicht selbst thut.

Was aber von unschätzbarem Werth ist, sind die Erfahrungen, die man in Amerika sammelt; die Selbständigkeit im Denken und Handeln, die man erhält, man geht oft durch eine Schule der Leiden, aber nach dem Regen giebt es Sonnenschein. Während man draußen oft verkommen könnte, erfreut man sich hier nach Jahren meist eines gemächlichen Wohlstandes und die Kinder, wenn welche da sind, die wachsen gleich im Lande der Freiheit auf. Doch über dieses Kapitel läßt sich viel sagen, es hat seine großen Schattenseiten und auch seine Lichtseiten.

34.

Der Emigrantenwirth.

Der Emigrantenwirth in New-York ist eine gefallene Größe. Die schönen Tage von Aranjuez sind vorüber und in wenigen Jahrzehnten vielleicht spricht man von ihm nur noch, wie von einer Mythe.

Früher, vor wenigen Jahren noch, war er der Herr der Greenwichstreet und den Deutschen erfaßte eine Art Grauen, wenn er an die Tage zurückdachte, wo er in seinen Klauen steckte. — Wenn ein Schiff mit „Landsleuten" landete, so war's ihm verfallen. Seine Runner hatten es bereits in Beschlag genommen, noch ehe es am Dock lag und am Dock nahm er die Einwanderer in eigener Person in Empfang. „Ein Hurrah für die lieben Landsleute!" — Hatten sie kein Geld, so warf er sie den anderen Tag zum Hause hinaus; hatten sie aber Geld, so durften sie ihn nicht verlassen, bis er sich den größten Theil desselben angeeignet. Sie mußten sich doch erholen, die armen Dinger, von der Seereise!" — Und dann, wenn sie um jeden Preis fortwollten, und sich unter keiner Bedingung mehr halten ließen, — die Rechnung! — Es kam z. B. Einer am 20sten und reiste ab am 26sten. „Wann bist Du gekommen?" „„Am 20sten."" „Das macht Einen Tag." — Und nun ward Ein Strich gemacht. „Und wie lang bist Du da gewesen?" „„Im Ganzen sieben Tage."" Jetzt wurden sieben Striche gemacht. „Und den wie vielten haben wir heute?" „„Den 26sten."" „Das ist wieder ein Tag," und abermals ward ein Strich gemacht. So brachte er neun Tage heraus, und der Emigrant mußte richtig für neun Tage bezahlen. — Und dann das Bier für 10 Cents das Glas! Und den Wein für einen halben Dollar die Flasche! — Und — wie viel rechnete er erst für das Aufbewahren der Effekten! Er konnte es doch nicht umsonst thun, wo der Hauszins in New-York so theuer ist! — Und was trugen erst die Eisenbahnen ein! Die Emigranten mußten doch weiter reisen und er mußte sich ihrer annehmen und ihnen die Billete kaufen! Und zahlte nicht manche Eisenbahndirektion Einem Wirth eine jährliche Summe von zwei und mehr Tausend Dollars? — — — Das waren goldene Tage!

Freilich, es hing Manches daran, manche Ausgabe und manche Unannehmlichkeit. Oder mußten nicht die Faullenzer und Schmarotzer d. h. die Runner und die anderen Spitzbuben der Greenwichstreet vom Emigrantenwirthe erhalten werden und gut erhalten werden! Und ließen sich nicht diese das Essen und Trinken schmecken, auch wenn keine Emigranten da waren? Und war's nicht verteufelt widerwärtig, vor den Mayor zu müssen, wenn einmal so ein Dummkopf von Emigrant wegen „Beschwindeltseins" klagte? — Aber schön war's doch. Das Geld floß wie Wasser, und allein am Auswechseln der Fünffrankenthaler ward täglich so viel profitirt, als ein anderer ehrlicher Wirth an allen seinen Gästen vielleicht die ganze Woche macht.

Die Zeiten kehren nicht wieder. Die Emigrantenschiffe landen jetzt nicht mehr an einem beliebigen Dock, sondern alle in Castlegarden, und nicht mehr der Emigrantenwirth verkauft die Ankömmlinge an die Eisenbahnen, sondern die Herren in Castlegarden besorgen selbst die Billete. Da kann man freilich einem Bauern nicht mehr 100 Pfund Uebergewicht rechnen und ihn, weil er's nicht glauben wollte, da er alle seine Habseligkeiten in einem Schnupftuch bei sich trug, — in eigener Person auf die Schnellwaage stellen, wobei natürlich sogar mehr als 100 Pfund herauskamen! Da kann man überhaupt keine große Rechnungen mehr machen, denn die meisten Emigranten reisen gleich weiter, ohne sich in New-York aufzuhalten! — So vergeht alles Schöne auf Erden und die Greenwichstreet hat ihren ganzen früheren Charakter eingebüßt. Die Hälfte der Emigrantenwirth-schaften ist eingegangen, und die andere Hälfte hat wenig mehr zu thun. Die Faullenzer und Tagediebe, die Runner und Spitzbuben sind fast ganz verschwunden, denn es giebt nichts mehr zu beißen für sie und — ein jetziger Emigrantenwirth hat an Einem Runner genug.

Der jetzige Emigrantenwirth ist ein ziemlich unschuldiger Mensch. Sein Wohn-ort ist nicht mehr ausschließlich die Greenwichstreet, sondern auch irgend eine an-ständige Straße der mittleren Stadt. Er hat ein Wirthshaus, wie andere Wirthe auch; nur stellt er mehr Betten in Ein Zimmer, als hineingehen. In dieser Be-ziehung ist er erfinderisch. Auch richtet er manche Räume seines Hauses zu einer Art Zwischendeck her, wo er Bett an Bett aufstellt, um seine lieben Landsleute drin zu logiren, nämlich die, welche an's Zwischendeck gewohnt sind. In Beziehung auf Zucht und Ordnung im Hause ist er sehr streng; denn er erlaubt den Emigran-ten nicht gerne, auszugehen und anderswo ihr Bier oder ihren Wein zu trin-ken. Sie könnten sich verirren, oder bestohlen, oder betrogen werden! Bei ihm aber sind sie gut aufgehoben und so gut, daß sie ganz leben und schlafen können, wie auf dem Schiffe: Weiber, Männer, Kinder, Krethi und Plethi unter einander. „Was Gott zusammengefügt hat, soll der Mensch nicht trennen."

In Deutschland hält der Emigrantenwirth sich gute Freunde, die ihm vom Ab-gang dieses und jenes Bekannten Nachricht geben, und kennt er einmal Einen auf einem Auswandererschiffe, so ist's so gut, als ob er Alle kennte. Auch versendet er seine Karten überall herum in den Gasthöfen Europa's und ist gerne zu Gegen-diensten erbötig.

An Speise und Nahrung für die Emigranten läßt's der Wirth nicht fehlen; doch läßt er die Zwischendeckler und gewöhnlichen Emigranten „besonders" speisen. Sie könnten ihm sonst die übrigen Gäste vertreiben! Und überdieß — vom theu-ersten Fleische braucht dieser Schlag gerade nicht; sie verstehen's ja doch nicht und — verzehren vom Lendenstück gerade so viel, als vom Schenkelknochen. Denn Appetit haben sie, die Zwischendeckler, viel Appetit!

Der Emigrantenwirth, wie er jetzt ist, hält nur Einen Runner. Er gebraucht ihn, wie der Schäfer seinen Hund; denn der Runner wartet außen vor dem Thor von Castle Garden und nimmt die in Empfang, die der Wirth herausschickt und hält sie bei einander, daß sie nicht davon laufen, bis der Wirth mit dem Letzten selbst erscheint.

Die Emigrantenrechnung ist jetzt sehr einfach: anderthalb Dollar per Tag. Der halbe Tag wird aber natürlich auch als ganzer gerechnet. Bezahlt wird meist baar, wenn der Emigrant nämlich baar Geld hat. Fehlt letzteres, so wird mit Effekten bezahlt und die Koffer bleiben so lange im Besitze des Wirths, bis das Geld erfolgt. An „Effekten" fehlt's daher in einem Emigrantenhause selten. Nach vier Wochen läßt man — die Effekten versteigern.

Ein reicher Mann wird der Emigrantenwirth nur dann, wenn er alle Tage das Haus voll hat.

Der Nimbus, der früher einen Emigrantenwirth umgab, ist verschwunden. Die ganze Poesie des Greenwichstreetschwindels ist dahin.

Inhalt.